ÉMILE DETANGER

« ÉMILE NOLLY »

Gens de Guerre

au Maroc

SEPTIÈME ÉDITION

C · L

PARIS

CALMANN-LÉVY, ÉDITEURS

3, RUE AUBER, 3

GENS DE GUERRE

AU MAROC

DU MÊME AUTEUR

Format in-18.

———

HIEN-LE-MABOUL. Roman. *Ouvrage couronné par l'Académie française.* . . . . 1 vol.

LA BARQUE ANNAMITE. Roman de mœurs tonki-noises . . . . 1 vol.

———

Droits de traduction et de reproduction réservés pour tous les pays, y compris la Russie.

———

———

E. GREVIN — IMPRIMERIE DE LAGNY

ÉMILE DETANGER

« ÉMILE NOLLY »

GENS DE GUERRE

AU MAROC

PARIS

CALMANN-LÉVY, ÉDITEURS

3, RUE AUBER, 3

A mes Camarades
De toutes armes et de tous grades
De l'armée coloniale et de l'armée d'Afrique
Qui combattent au Maroc
Pour la plus grande France
J'offre ces pages
En témoignage d'enthousiaste admiration
Et d'affection profonde.

ÉMILE NOLLY.

GENS DE GUERRE AU MAROC

I

SUR LES QUAIS DE CASABLANCA

Du soleil : — le beau soleil du Maroc, qui
baigne toutes choses d'une lumière si vibrante
et si caressante, dispensatrice d'allégresse et
d'audace, ce beau soleil qui fait si dorés les
murs croulants et bruns des vieux remparts de
Casablanca, si violette l'ombre où se réfugient
les mendiants, tout noirs dans leurs guenilles
blanches...

La mer : — la mer bleue et verte, saphir,
émeraude et turquoise, qui brise contre les
enrochements du môle ses volutes chuchotantes

et geignantes, gifle de son écume en ébullition les blocs disjoints des jetées, tourbillonne éperdument entre les digues du port, vient mourir sur le ciment de la cale, au chant des barques entrechoquées et gémissantes, au chant des rames grinçant sur leurs tolets...

Au large, des steamers à l'ancre égrènent sur l'horizon leurs mâts que la houle abaisse et relève comme des roseaux agités par le vent. Sur la mer, sur la rade, sur la ville aux toits plats, le ciel limpide et bleu pâle, d'un bleu comme poudré d'une poussière d'or...

Trois heures après midi. Tout Casablanca est là, qui piétine sur les dalles du quai. Cette population cosmopolite qui vit, depuis le commencement de la campagne, dans une exaltation fiévreuse, s'est assemblée à la « Marine » pour dévorer le spectacle dont elle n'arrive point à se rassasier : un débarquement de troupes. Le spectacle d'aujourd'hui est d'une espèce particulièrement rare : ce sont des Sénégalais que l'on attend, de ces soldats noirs qui apportent avec eux tout le mystère des Soudan, des

Guinée, des Côte d'Ivoire, des jungles et des forêts où les racolèrent les recruteurs.

Entre les caisses de biscuits, les piles de traverses, les pyramides de planches et de chevrons, une foule prodigieusement diverse et merveilleusement bigarrée tourbillonne, mêlant aux rumeurs du ressac son murmure croissant et décroissant. Tuniques pourpres de spahis, képis garance de fantassins, calottes noires de juifs, turbans crème et ocre de coolies berbères, casques blancs de coloniaux où scintille l'ancre d'or; lierre, coquelicots et roses des chapeaux de femmes européennes; costumes « tailleur » en serge gris perle se faufilant entre des torses nus et cuivrés de portefaix marocains; djellabas saumon de fonctionnaires du Makhzen gonflant au vent du large leurs amples draperies parmi les stricts « complets » de toile kaki des commerçants espagnols; or et argent des galons et des broderies ; draps réséda des dolmans, velours jaune des culottes, satins cramoisis des soubises, aciers rutilants des sabres suspendus aux bélières nickelées, cuirs fauves des jam-

bières, — tout cela resplendit et grouille sous
le glorieux soleil, tout cela parle de vie aspirée
à pleins poumons, de joie, de force, d'enthousiasme, tout cela transporte et grise comme une
fanfare éclatante.

Des coolies dépenaillés soulèvent, au rythme
d'une mélopée lamentable, les flasques d'un
affût. Des matelots français, maigres et bronzés
comme des Arabes, s'accrochent en grappe
hurlante au câble d'un palan. Un second-maître
fonce à travers les équipes de travailleurs, la
casquette au poing, les cheveux en désordre,
les yeux fous, vociférant des mots de sabir et
des jurons. Un cheval, entre les jambes duquel
un gamin est accroupi, encense, piaffe avec des
cliquetis de gourmette et hennit interminablement. La sirène d'une vedette glapit. Des
femmes rient sous les ombrelles de nansouk
qui tournoient. La sonnette d'un marchand
d'eau tinte contre le gobelet d'étain. Deux
cireurs se querellent avec des voix gutturales
et chantantes. La foule jacasse en vingt
langues.

Là-dessus, sur cette orgie de couleurs, sur ce choral formidable, le vent passe dans le ciel azur et poudré d'or, sous le soleil triomphant.

Des cercles se forment. De tout jeunes officiers exhibent avec une satisfaction évidente leurs miraculeuses bottes et leurs miraculeux éperons. Des cravaches cinglent les houseaux. Les sticks tapotent les paumes des mains gantées.

Des femmes, veuves provisoires d'officiers partis vers « le front », se racontent à voix basse, en essayant de pauvres sourires, d'héroïques sourires de bonnes Françaises, les nouvelles de « l'avant » :

— Un convoi a été attaqué près de Salé. Le saviez-vous ?

— Le colonel X... m'en avait touché un mot... Quelques tringlots blessés, je crois ?

— Je ne sais pas exactement... Il y a des morts...

Le grand mot a été prononcé qui, malgré tous les efforts pour paraître braves, a fait pâlir les joues, desséché les lèvres et contracté les gorges... « Il y a des morts! » Quelque part vers le nord, pendant que l'on potine sur le quai de Casablanca, des hommes tuent ou se font tuer!... La même angoisse décolore ces visages féminins et fait régner un silence terrible dans la volière qui pépiait.

« Il y a des morts! » Trois pas plus loin, la même phrase, lancée à plein gosier par un imberbe sous-lieutenant de turcos, retentit comme un refrain de *Marseillaise*. Ils sont là une douzaine d'officiers, — spahis, chasseurs d'Afrique, tirailleurs algériens, zouaves, coloniaux, — dont les yeux flambent tout à coup, qui tortillent nerveusement leur moustache, frappent de leur stick le drap de leurs houseaux tapent du pied comme des étalons prêts à bondir... Trop longtemps les jeunes hommes de France ont laissé le sabre au fourreau. L'espoir de dégainer enfin les lames claires, d'ouïr la musique ardente des balles, ranime le feu sacré qui couvait sous la cendre : l'instinct guerrier de la race, qu'assoupissaient depuis l'Année

Terrible les éloquents sophismes des pacifistes, s'éveille et rugit... Pourvu que les élus des colonnes légères ne soient pas seuls à cueillir des lauriers ! Un lieutenant de légion trouve la formule qui exprime le vœu secret de ses compagnons :

— Pourvu que les Marocains tiennent le coup !...

L'instant d'après, ces mêmes gaillards, qu'avait exaltés la passion de la lutte, retournent à leurs puérils dénigrements de camarades et de chefs, à leurs potins de garnison, aux calomnies faciles qu'inspire l'esprit de corps. Et les clichés connus s'échangent :

— Les coloniaux sont des apaches...

— Le 4e tirailleurs est une milice...

— Les bataillons sénégalais sont des hordes...

— Les zouaves sont incapables de marcher plus d'une semaine...

Toutes les inepties et toutes les pauvretés que peuvent dicter des jalousies, des rivalités d'armes, des ambitions mesquines et, plus encore et surtout, une trop longue paix. Vienne la guerre, la saine et sainte guerre qui balaiera toutes ces scories !

— Voilà les noirs !

Une barcasse double la jetée, écrase de son étrave massive la crête d'une vague, plonge au creux de la houle, reparaît, lancée en avant par ses huit rameurs qui se cramponnent au manche des pesants avirons. Une autre barcasse, puis une autre encore, puis d'autres en procession désordonnée, — et l'on distingue les faces noires où brillent les dents blanches, les tignasses crépues, les pattes luisantes qui rajustent les chéchias lie-de-vin.

Ils sont une quarantaine dans chaque embarcation, accroupis sur les planches de la cale, serrés les uns contre les autres comme des moutons dans un parc, muets, bouleversés par ce voyage qu'ils viennent d'accomplir à travers la mer infinie, par cette foule qui les dévisage, par ces remparts où les trous d'obus alternent avec des réclames aux lettres géantes.

Les bateliers marocains plongent leurs rames

dans la vase, poussent à grand renfort de chants et de cris les barques énormes, harponnent de leurs gaffes le ciment du quai, s'agrippent aux amarres qu'on leur tend de la rive.

La foule avide reflue en tous sens. Les trois gendarmes de service, effarés et suants, sont bousculés sans façons. Les kodaks et les jumelles se braquent...

— Débarquez!

Un par un, les Soudanais enjambent le bordage, gravissent le plan incliné. Il y en a de très grands, très minces, plus cuivrés que noirs, — des Toucouleurs; — d'autres, de taille moyenne, la peau presque bleue, comme le plumage du corbeau, — des Maures; — d'autres, le plus grand nombre, hauts et larges, avec des carrures puissantes d'athlètes, — des Bambaras; — il y a des Haoussas, des Peuhls, des Ouolofs, des Soussous : — toutes les races de l'Afrique, cet inépuisable réservoir de guerriers.

Il en jaillit sans cesse des barcasses qui se rangent contre le quai. Ils montent à la file, poussés par leurs gradés indigènes, ahuris, désorientés, les bras ballants, traînant dans la poussière leurs pieds nus. Leurs officiers les alignent à la hâte, les comptent et les recomptent. La cohue des curieux vient bourdonner devant la double haie de poitrines bombées et de crânes coiffés de chéchias.

— De beaux gaillards, tout de même !
— De superbes soldats !...

Maintenant qu'ils sentent sous leurs talons la terre ferme, les Sénégalais retrouvent leur aplomb et leur entrain. Ils sourient largement aux « moukères » peu farouches qui découvrent, pour voir ces hommes étrangers, leurs yeux fauves de biches apprivoisées, aux dames françaises, aux officiers d'infanterie coloniale surtout, qu'ils distinguent à l'ancre de leurs casques. Parmi ceux-là, certains reconnaissent d'anciens chefs qui les menèrent au Tchad ou dans l'Ouaddaï, et c'est attendrissant de voir ces rudes soudards frétiller positivement de joie, comme des dogues retrouvant leur maître.

— Mon lieut'nant, moi connais toi. Moi y en a Moussa Kamara.

— Mon cap'taine, c'est moi, caporal Bakary Sangaré. Bonjour, mon capitaine.

— Bonjour, vieux forban !

Les babines pourpres se retroussent sur les incisives aiguës, les rires affectueux convulsent les joues tailladées, les formidables pattes se tendent.

— Moi beaucoup content voir toi, mon lieut'-nant !...

Toujours contents, ces braves gens, lors-qu'une bonne parole vient réchauffer leurs cœurs simples. Eux que tourmentaient, la mi-nute d'avant, l'angoisse de l'inconnu et la tris-tesse animale de l'exil, s'en vont, allègres et gambadants, par quatre, leur ballot sur la tête et la pipe aux dents.

Et voici maintenant leurs femmes, leurs indispensables « moussos », qui s'assemblent tant bien que mal, piaillant et gesticulant, exhibant sans honte leurs seins oblongs que voilent à peine les « boubous » de cotonnade

orange, vert pomme, citron, grenade, rajus-
tant leurs pagnes, assurant sur les tresses hui-
leuses de leurs coiffures saugrenues les écha-
faudages de jarres, de fourneaux en terre cuite,
les calebasses, les casseroles, les bouteilles,
les nattes. Des marmots tout nus s'accrochent
aux épaules de leurs mamans, dont ils chevauchent les croupes robustes, ou bien s'avan-
cent par petites bandes de trois ou quatre qui
se donnent la main et que mène un gamin ou
une fillette, guide désigné de la troupe. Déses-
poirs, hurlements pour un miroir malencon-
treusement cassé, gifles sonores appliquées à
quelque « mousso » indisciplinée par un sergent
indigène, sanglots pour un négrillon disparu,
rires fusants...

Entre les créneaux des vieux remparts, sur
les terrasses des maisons arabes, des Marocains, accroupis et impassibles, regardent. Dans
le ciel ensanglanté, le soleil s'abaisse...

II

Voici la nuit. Une à une les baraques de planches s'illuminent, comme de gigantesques lanternes. Au flanc de la colline demi-circulaire qui dévale vers les minarets de Casablanca, le camp dessine, parmi les figuiers de Barbarie et les aloès, ses avenues de réverbères clignotants. Des notes étouffées et lentes de clairons montent vers le ciel criblé d'étoiles : — l'appel du soir. — Sous les vérandas, derrière les rideaux de lauriers-roses et de volubilis, des ombres passent et repassent. Des gradés vocifèrent des noms et des numéros

matricules; des mulets jettent leur hennisse-
ment lamentable et entrecoupé, comme une
plainte qui jamais ne s'achève; des chevaux
agitent leurs chaînes et frappent du sabot les
bat-flanc de leurs écuries; des chameaux affalés en tas grouillant gargouillent; sous les
tentes-abris triangulaires, des conducteurs
kabyles psalmodient leurs mélopées mono-
tones. Une patrouille de tirailleurs algériens
défile silencieusement et s'enfonce dans les
ténèbres, au cliquetis des baïonnettes heurtant
de leurs poignées les culasses des fusils. Au
loin, sur les récifs de la plage, la mer roule et
déroule ses volutes grondantes...

Cette heure où s'endort la ville de toile et de
bois est aussi l'heure où la ville de pierres, de
briques et de pisé tressaille d'une vie plus
intense, où se manifeste davantage son caractère de cité cosmopolite, brûlée par la fièvre
guerrière.

Tant de soudards éperonnés et bottés se sont
abattus sur sa plage, tant d'aventuriers et
d'aventurières, attirés par l'odeur de la poudre

comme les chacals par la puanteur de la cha-
rogne ! Tant de furieux désirs, tant d'appétits
gloutons affluent et refluent en ce coin du
monde, tant d'espoirs magnifiques ou ignobles
s'y exaspèrent, tant de rêves de gloire ou de
richesse y mêlent leurs fumées !... Sous le soleil implacable on a préparé les colonnes et les
convois, on a dressé les tentes, on a entassé
sur les arabas les cantines et les ballots de
couvertures, on a guetté l'officier d'état-major
qui octroie ou refuse l'autorisation de vendre
à la troupe le papier à lettres et la « goutte »,
on s'est démené, on a hurlé, on a trépigné, on
a lutté... Et voici la nuit enfin, la nuit fraîche
de la terre africaine, la nuit qui seule conseille le
calme et les effusions après les violences et les
agitations de la journée, ou la joie débordante
après les rages et les abattements...

Avec un ami, je gagne le souk, le marché
qui adosse aux remparts ses gourbis de paille.
Les habituels dormeurs arabes sont là, enroulés dans leurs couvertures rayées, ronflant et
gémissant. Autour des falots de fer-blanc, les

habituels marchands de thé inclinent leurs
fronts rasés, leurs barbes de patriarches et
leurs nez en becs d'aigles ; sur les faces de leurs
clients, muets et accroupis dans les plis de
leurs burnous, les chandelles fumeuses pla-
quent des lueurs fauves. Des formes vagues de
bœufs agenouillés dans la poussière soufflent et
ruminent ; des ombres d'ânes broutent des
quartiers de pastèques. Les créneaux de la muraille profilent sur le ciel étincelant leur rangée
de rectangles.

Nous avançons, trébuchant sur les tas d'im-
mondices et dans les ornières qu'ont creusées
les fourgons et les caissons de l'artillerie. Brusquement, un coin de France : — une terrasse
de café, flambante de jets d'acétylène, avec ses
tables de marbre frettées de cuivre, avec ses
caisses de lauriers-roses, avec son tintamarre
de soucoupes jetées à la volée, de cuillers son-
nant sur le cristal des verres, de bouchons qui
sautent, de porcelaines fracassées, de rires, de
cris proférés dans toutes les langues. — Nous
entrons : si vulgaire que soit le lieu, on y res-

pire un air de France... Un peu lourd, cet air,
un peu empesté par les poussières de la rue,
par les parfums à bas prix, par l'abominable
senteur des cigares andalous. Mais il est si réconfortant de voir de bonnes figures de compatriotes, quelque rustres que puissent être
ceux-ci, d'entendre résonner le clair « lan-
guaige françois », sur cette terre où tout est
hostile à l'intrus européen, où tout le contraint
à vivre en marge de la vie normale, hors des
douars, hors des mosquées, hors des villes !...
Et nous autres militaires, qui avons ouvert,
qui allons demain ouvrir plus grandes encore
aux civils de France et d'ailleurs les portes du
paradis marocain, et qui sommes pourtant parqués dans des camps, comme dans des lazarets,
nous sommes, plus que personne, affamés et
assoiffés d'ambiances françaises, de présences
françaises, de sons et de relents français.

Voilà pourquoi, dans ce café un peu borgne,
il y a une telle salade d'uniformes de toutes
nuances et de tous grades, tant de galons, —
de laine, d'argent ou d'or. — Sur les chaises de

bois courbé, les gens de guerre paraissent
innombrables, assemblés en cercle, à l'écart
des civils, colons, mercantis et commerçants.

Des officiers coloniaux, d'un bataillon débarqué la veille, nous hèlent au passage :

— Hep! par ici!... Que buvez-vous?...

Ils sont revêtus du grand harnois de campagne, qu'ils ont adopté à leur départ de Mar-
seille : costume de toile kaki, casque de sureau,
revolver et jumelles dans les étuis de cuir
verni, bandes molletières de feutre beige, robustes brodequins; les sabres sont engainés
dans les fourreaux de molleton « bleu marine ».

Je retrouve là des amis rencontrés dans les
ports, — en Cochinchine, au Cambodge, au
Tonkin, — sur le spardeck des paquebots. On
cause, on échange des souvenirs, on compare
le passé toujours prestigieux au présent toujours décrié, on conspue sans pitié, sans équité,
les états-majors. On parle de la marche sur
Fez, des colonnes déjà ébranlées, des escarmouches où quelques-uns des nôtres sont
tombés.

— Tout de même les Marocains manquent de
« mordant » !

— Il y aura peu de casse.

Quelques écervelés préconisent avec véhé-
mence telle ou telle méthode de conquête. Le
ton s'élève, les yeux brillent, les poings martèlent le marbre des tables. Un « ancien » mori-
gène les jouvenceaux :

— Vous êtes trop catégoriques, vous ne pos-
sédez, du problème à résoudre, que d'insigni-
fiantes données... Vos chefs, en la matière,
ont des lumières que vous n'avez pas... Il est
probable que l'on attend, pour marcher sur Fez
aux allures vives, d'avoir réuni une très grosse
colonne qui imposera aux douars et provo-
quera par son seul aspect les soumissions des
tribus...

— Alors, pas de coups de fusil?

— Le moins possible.

— Mais on risquerait encore moins d'avoir à
en tirer, si l'on n'avait pas débarqué de troupes
au Maroc!...

— Bon! bon!...

— Et moi, je vous dis qu'à la place du grand chef...

— Attendez d'être à l' « avant » pour juger les actes du grand chef.

L' « avant » ! Cette zone mystérieuse et présumée merveilleuse, — ce que les Anglais appellent le « front », — fascine les malheureux condamnés à l'attente et à l'inaction de l' « arrière ». Aller à l'avant, aller au front, voilà ce qu'ils souhaitent, ce qu'ils réclament, — coloniaux, zouaves, tirailleurs algériens ou sénégalais, chasseurs d'Afrique, légionnaires...

— Aller à l'avant !

— Le bataillon D... part demain.

— Ah ! les veinards !

Des notes discordantes et fêlées éclatent subitement : un Italien chevelu, râpé et voûté, tambourine à tour de bras sur le clavier d'un piano. Une cabotine écarte les pans d'un rideau de cotonnade verdâtre, grimpe sur une estrade de planches. Les conversations s'interrompent ; des acclamations saluent la pauvre fille qui tantôt caresse d'un geste machinal le tulle pail-

leté de sa jupe courte et tantôt remonte sur ses
épaules grasses et blanches le ruban de son
corsage-cuirasse. Les bijoux de clinquant, les
paillettes, le satin saumon du corsage, la soie
vert amande de la jupe étincellent sous les
lueurs crues de l'acétylène, et la chair nue de
la poitrine rebondie reluit et paraît plus bla-
farde encore.

J'observe les yeux de ces hommes qui braquent sur la chanteuse leurs regards nostalgiques. Quoi qu'elle chante tout à l'heure, si
égrillard ou banal que puisse être son « numéro », si canaille que soit son accent, si gros-
siers que soient les rires déchaînés par l'allu-
sion plus ou moins fine de son refrain, il y
aura tout au fond des cœurs les plus endurcis
une houle d'attendrissement secret. La rude
journée de labeur a pris fin : on a mis bas les
armes; on se détend. Et puis cette musique
sautillante et saugrenue est une musique d'Europe, cette femme pâle qui se trémousse devant les jets d'acétylène est une femme d'Europe. Il passe, semble-t-il, sur ce lambeau de

terre marocaine qui est, malgré tout, la terre
d'exil, une brise d'Europe.

La femme chante. Par miracle, son réper-
toire n'est pas trop inepte. Après une romance
pleurarde, elle attaque une « chanson rosse »
qui eut, l'an dernier, dans les « boîtes » de
« la Butte », son trimestre de vogue. Elle fait
surgir dans ma mémoire des soirées très regrettées, des salles enfumées de « Lune Rousse »
et de « Pie qui chante », des silhouettes qui
me deviennent soudain presque chères : — un
Dominique Bonnaud à carrure d'universitaire,
un Numa Blès rieur et débitant au fond de
l'ombre ses vers d'*Ulysse à Montmartre*, une
Lucie Pezet, si fine, si gaie, détaillant d'une
voix si pure les couplets d'un *lamento* cocasse,
un Fallot bondissant, cabriolant et gouailleur.
Où sont-ils, ces amis qui ne se savent pas
mes amis?...

L'ardeur belliqueuse de mes compagnons
s'est assoupie maintenant : eux aussi se sou-
viennent. Quels rappels de vie intime, de flirts,
d'amours conjugales et autres, ont tout à coup

rendu taciturnes et songeurs ces gens d'action?
A quels bonheurs, à quels soucis retournent-
ils, croisant et décroisant leurs jambes, tortillant
leur moustache, lissant leur barbe? Quelle
vision a soulevé de sa chaise, brusquement, ce
colosse en pelisse bleue qui jette au garçon une
poignée de monnaie et s'éloigne à furieuses
enjambées?

Un mercanti maltais, que j'ai croisé hier dans
le camp, vendant aux troupiers des crayons et
des cartes postales, tient ses paupières obstiné-
ment baissées, et l'on dirait que cet homme, —
un drôle qui a joué du couteau dans tous les
bouges de la Méditerranée, — on dirait que cet
homme pleure. Un autre, un géant alsacien,
qui se dit colon, mais qui tire sa subsistance
de trafics effroyables, est comme écroulé sur
sa table, le nez contre le marbre, et l'on ne distingue plus de lui que sa tignasse bouclée et
son dos bombant la veste de toile rapiécée.
Dort-il? est-il ivre? ou bien, tout simplement,
rêve-t-il? Et s'il rêve, vers quel passé d'hon-
nête enfance et de pureté familiale peut se

tourner cette âme de fumier et de boue?... Je
crois bien qu'il ne dort pas, qu'il n'est pas ivre...
Ils ne dorment pas, ils ne sont pas ivres, ces
terrassiers espagnols qui se balancent sur leurs
chaises au rythme de la chanson, les prunelles
fixes sous les fronts bas. Que peuvent-elles
considérer, ces prunelles? Sans doute, quelque
village basque, tapi au creux d'une vallée pyré-
néenne, des toits d'ardoise assujettis par des
blocs de schiste, l'aire ensoleillée d'un « fron-
ton », une humble église badigeonnée d'ocre et
de vermillon et d'or, où resplendissent les
châsses émaillées des saints patrons... Et demain, pour une *peseta*, les *navajas* sauteront
hors des ceintures...

Elles sont trois malheureuses qui sirotaient
des kummels en jacassant, — une Lyonnaise
chlorotique, une Piémontaise rousse et grêlée,
une Poméranienne fadasse, — toutes trois
guettant avec une anxiété manifeste la proie
nourricière, — soudard ou mercanti, — chacune
prête à mordre et à griffer ses deux concur-
rentes.

Les voici pacifiées par la musique, alanguies et extasiées, presque jolies...

La chanteuse disparaît : le pianiste referme le couvercle de son instrument et bâille avec bruit en s'étirant.

Un mot ordurier retentit... Le charme est rompu... De plus belle les voix éraillées ou claironnantes font vibrer, comme des coups de marteau sur une enclume, les répliques brèves...

Le vacarme recommence...

— Allons-nous-en !

On se lève en tumulte, on franchit le Bab-es-Souk, — la Porte du Marché, — on s'engage dans la rue du Commandant-Provost, une ruelle tortueuse que de rares lumignons essayent piteusement de rendre moins sombre et moins laide. Les semelles ferrées de clous écorchent les pavés. On croise d'autres groupes qui vont discutant et rugissant. On interpelle des fantômes, des moukères peu farouches qui montrent sans pudeur leurs prunelles de jais, leurs joues fardées, leurs mentons tatoués de raies

2

bleues. La ruelle s'infléchit à droite, puis à
gauche, puis à droite et puis à gauche, entre
ses deux rangées de boutiques aux volets ver-
rouillés et ses trottoirs étroits où sont allongés
des gardiens somnolents.

Un autre café : sous les jets d'acétylène, des
uniformes encore et des feutres mous de *con-
quistadores* civils et du tapage... S'arrêter là,
un moment? Pourquoi pas?... Personne n'a
envie de rentrer au camp et de s'aller coucher :
le sang bout trop fort dans les veines, des
rêves trop enthousiastes édifient sous les crânes
leurs architectures féeriques, trop de nostalgie
inavouée est dans les cœurs, trop de hâte dans
les nerfs d'en finir avec cette vie absurde, de
partir, d'aller de l'avant, — à « l'avant », —
d'agir...

Personne n'a sommeil.

Cette nuit sera pareille aux autres nuits de
l'attente : de café en café, de *bar* en *bar*, de
« beuglant » en « beuglant », de bouge en
bouge, chez les moukères, chez les Juives,
chez les Espagnoles, nous promènerons notre

appétit de distractions et d'étourdissement,
notre impatience de demain, du divin et lumi-
neux demain...

Et ce ne sera pas plus drôle que les autres
nuits !

III

ALERTE DE NUIT

La casbah de Méhédya. — Une antique citadelle que les siècles ont découronnée et déman-
telée, dont les créneaux s'effritent, dont les
moellons disjoints, roussis par la poussière et
le soleil, s'émiettent en poudre impalpable.
Elle est juchée au bord d'une falaise, entre
l'oued Sebou, où venaient atterrir autrefois les
caravelles portugaises, et la mer que sillonnent
aujourd'hui les croiseurs et les *cargo-boats*.
Ses anciens maîtres, européens et arabes, ont
superposé et mêlé dans ce nid d'aigle leurs
ouvrages et les styles de leurs architectures.

L'ogive brisée d'une meurtrière marocaine sur-
plombe de ses colonnettes grêles le cintre bas
et lourd des murs de soutènement qu'appliquè-
rent contre la roche les conquérants roumis.

D'autres Roumis sont venus maintenant, qui
mettent sur la vénérable ruine leur empreinte
nouvelle. Des maçons nivellent les terrasses
dont le ciment avait craqué ; des soldats du
génie dressent contre les assises de la casbah
des baraques de planches à toits de tôle ondulée.
Des gourbis de torchis et de branchages mas-
saient à l'intérieur de l'enceinte leurs humbles
cônes de paillotte noircie : on y a mis le feu
pour faire place nette et, pendant des heures,
les panaches de fumée ont annoncé aux pê-
cheurs de la côte et aux pasteurs errants que
les maîtres de l'heure imprimaient sur leur
proie la marque de leur domination. Pendant
des heures, les cigognes ont tournoyé sur leur
domaine profané, les pattes pendantes, glissant
sur leurs ailes immobiles. Dans le crépuscule,
l'incendie éteint, elles ont repris au faîte des
tours croulantes leurs poses de vigies atten-

tives pour regarder interminablement la mer
où rougeoie le soleil couchant, où s'assom-
brissent les silhouettes des contre-torpilleurs,
balancés par la houle.

Du côté de la terre, les hauteurs qui finissent
en falaise sur l'océan s'abaissent en pentes
douces coupées par des ravins, inclinent leurs
glacis arides vers la forêt de la Mamora. Là est
le camp. Derrière les tranchées, les zouaves,
les coloniaux, les tirailleurs algériens et sénégalais ont planté leurs tentes-abris. Leurs
factionnaires surveillent cette forêt dont les
chênes-lièges trapus ferment l'horizon et qui
recèle dans ses clairières inexplorées les bandes
de pillards marocains. L'Ennemi!... L'Ennemi
est là-bas, — cet être multiple et insaisissable
et qui, tandis que l'on rêvasse, étendu sur le
lit pliant, médite ses attaques sournoises et
calcule ses bonds inattendus. — Avant-hier un
chasseur d'Afrique a été surpris sur la colline
où il se tenait en vedette : on a retrouvé son
cadavre odieusement mutilé et grillé. Tout à
l'heure des cavaliers ont jailli des fourrés, en

plein jour, ont enlevé les troupeaux d'un douar ami, occis deux misérables bergers qui avaient esquissé un geste de résistance. Le canon a tonné ; on a rassemblé à la hâte les compagnies, rompu les faisceaux. Trop tard ! L'ennemi avait disparu sous les chênes-lièges et la section lancée en reconnaissance n'a pu que rapporter les deux corps éventrés et déchiquetés, tandis que sanglotaient et hurlaient les femelles du douar.

Puis les faisceaux ont été reformés, les ceinturons et les cartouchières ont été accrochés aux quillons des fusils, le camp est retourné à sa vie uniforme et paisible, et c'est à peine si l'on peut observer parfois quelques furtifs coups d'œil jetés vers l'orient par les hommes qui vaquent à leurs besognes ordinaires.

Le soir est venu, avec la douceur infinie qu'ont les soirs d'été sur la terre africaine. J'ai pris place à la table d'un capitaine de tirailleurs sénégalais et j'ai bu avec lui, avec ses lieutenants, l'eau sucrée et vaguement teintée d'absinthe. On a causé tranquillement, de choses

de France. Autour de nous, les Bambaras, les
Peuhls, les Toucouleurs, les Ouolofs, les bons
soldats noirs reprenaient leur petit trantran
normal. Les escouades s'accroupissaient en
cercles autour des plats d'étain, et les cuillers
plongeaient avec ensemble dans le riz gluant.
Les rires enfantins et sonores répondaient aux
facéties du pitre attitré de la compagnie. Le
repas achevé, l'ombre grandissant, les géants
noirs tombaient à la mélancolie atavique dont
se trouve étreinte, vers la fin du jour, leur race
puérile. Des voix très menues et glapissantes
modulaient des airs naïfs et attendrissants dans
leur barbarie. Les corps d'athlètes se courbaient
pour se faufiler sous les tentes triangulaires où
s'entamaient, à la lueur d'une chandelle fichée
dans le sable, de coupables parties de cartes, où
des conteurs chuchotaient de mirifiques récits
de batailles et d'amours.

Pendant que nous dînons, — sur le couvercle
d'une caisse et chevauchant des malles-cantines, — la flamme du photophore plaque des
lueurs blafardes sur les faces énergiques de

mes hôtes, allume des reflets fugitifs sur le visage de bronze foncé qui se penche parfois entre
nos épaules ; les pauvres couverts de fer-blanc
ont des miroitements de nickel et les gobelets
de verre, qui étaient hier des pots de confitures, jouent le cristal taillé. Des silhouettes de
soldats nègres s'approchent des feux agonisants
où chauffent les théières de cuivre, fourragent
dans les cendres d'où surgissent des langues
de feu crépitant, et l'on dirait de diables affairés
autour d'une fournaise.

Les étoiles vacillent, innombrables, dans le
ciel couleur d'encre. Les remparts de la citadelle s'effacent dans les ténèbres. Les brasiers
où des zouaves font rôtir des quartiers de
viande semblent tantôt très proches et tantôt
très lointains dans l'obscurité qui supprime les
reliefs.

Au pied de notre colline, sur les mamelons
et les dunes de la plage, les coloniaux et les
tringlots mènent grand tapage. Les lanternes
des gardes d'écurie, les photophores des po-
potes, les tentes-abris illuminées par les chan-

delles délimitent un grand carré d'ombre où vagissent et grognent douloureusement des chameaux affalés en tas. L'inévitable clarinette d'un tirailleur algérien ou d'un conducteur kabyle siffle ses trois notes pleurardes.

Nuit absolue... J'entre sous ma tente, je m'allonge sur le lit de toile et de fer. A mon chevet, ma cantine et le classique photophore à globe de verre, ma jumelle et mon revolver dans leurs étuis de cuir verni. Mon ordonnance Samba Dialo, un Bambara taillé en hercule de foire, boucle les courroies de ma porte et me crie un « bonsoir » affectueux et bourru. Je suis seul dans ma maison portative et je savoure la joie rare et précieuse du *home* clos où l'on est maître de ses gestes et de ses pensées. Je lis un livre ami : *Au Jardin de l'Infante*, d'Albert Samain.

Dehors, la rumeur du camp s'apaise et meurt. Les chanteurs se sont assoupis ; les musiciens ont replacé dans les havresacs les clarinettes et les fifres. Les dernières notes de l'extinction des feux ont roulé, de moins en moins dis-

tinctes, de ravin en ravin. Je ne perçois plus
que des soupirs de dormeurs, que des chuchotements étouffés, que des aboiements de chiens
dans les douars de la plaine, que le gronde-
ment croissant et décroissant du ressac. Je me
sens envahir par l'anéantissement délicieux que
procurent la fatigue physique et le grand air...
Je me sens glisser au sommeil... je dors...

Tout à coup un grand cri, un cri horrible, un
peu éprouvant pour les nerfs engourdis et dé-
semparés :

— Aux arrrmes !... aux arrrmes !

Vilaine sensation que cet éveil brutal dans
les ténèbres opaques !... On est là, dressé sur
un coude, à demi conscient et à demi léthar-
gique, le cerveau embrumé, incertain du lieu
où l'on se trouve et de l'heure et de l'époque,
et de la réalité même de ce cri effrayant qui
retentit sans interruption :

— Aux arrrmes !... aux arrrmes !

Je finis pourtant par me lever ; je m'habille
tant bien que mal, — plutôt mal que bien, — et
j'entends mes voisins, les tirailleurs sénéga-

lais et leurs officiers, qui se précipitent hors
de leurs tentes. Une main déboucle les courroies de ma porte et Samba Dialo, très calme,
mais nu comme un ver et tenant au poing son
fusil et son ceinturon, m'annonce :

— Sentinelle lui dire voir Marocains.

Et il ajoute :

— Sentinelle jeune soldat. Peut-être lui
beaucoup bête.

Déjà, doutant de l'attaque, il s'empresse de
mépriser le camarade moins ancien et moins
aguerri qui a peut-être pris pour des cavaliers
marocains de malheureux moutons échappés
du bercail. Je boutonne à la hâte ma veste
kaki, je lace mes brodequins, j'empoigne mon
revolver et je cours aux tranchées, suivi par
Samba Dialo... Nuit noire : je trébuche dans
des bâts empilés en pyramides, je m'empêtre
dans des harnais, je me heurte à des gens qui
galopent en proférant des jurons... Et toujours la sentinelle invisible braille à pleins
poumons sa clameur :

— Aux arrrmes!... aux arrrmes!...

Dans les tranchées, les sections de Sénégalais sont rangées. Les tirailleurs sont agenouillés et attendent en silence les événements.
Derrière eux, leurs officiers et leurs sergents
attendent aussi, debout, fouillant du regard la
plaine enténébrée.

Je m'informe :

— Que se passe-t-il?

— Je ne sais pas, murmure un de mes amis,
le capitaine B... Personne n'en sait rien, pas
même peut-être cet imbécile qui gueule là-
bas... Attendons...

— Attendons...

Dans les autres régions du camp, où sont
des troupes récemment débarquées et moins
entraînées aux émotions nocturnes de la vie en
campagne, on s'agite, on hurle, on s'affole.
Des culasses de fusil craquent et, brusquement,
un coup de feu éclate, bref et sourd comme un
coup de bâton frappé sur un tapis. Un autre !...
un autre encore !... La fusillade est déchaînée
et fait rage... Qui tire?... les zouaves ou les
tirailleurs?... Impossible de s'en rendre compte,

3

à cette distance et dans ce noir... Sur qui tire-
t-on ? Mystère... Rien ne bouge au revers du
glacis, que les touffes de palmiers nains peuplent de formes vagues...

Les Sénégalais se sont accroupis ; leurs
armes couchées devant eux sur le talus des
tranchées, ils guettent l'apparition de l'ennemi,
écoutent de toutes leurs larges oreilles : rien!...

Les recrues algériennes ou françaises qui ont
ouvert le feu sont redevenues plus sages : les
détonations s'espacent, se font plus rares,
cessent tout à fait. Dans le grand silence qui
règne enfin, des voix furieuses gourmandent
les tireurs étourdis et la sentinelle qui a poussé
le malencontreux et formidable hurlement
d'alarme. On recueille des bribes d'explications
confuses, des protestations indignées :

— J'ai vu... oui, des cavaliers marocains...

Et puis, des rires fusent, aussitôt réprimés.
Et l'on reste là, dans la nuit fraîche, sous le
ciel grouillant d'étoiles...

IV

LA GUERRE DES « TRINGLOTS »

Cette étape de Lalla-Ito à Sidi-Gueddar, je
l'ai faite à cheval, avec un lieutenant du train
des équipages. Je sens qu'il m'en restera
jusqu'à ma dernière heure un souvenir de chaleur écrasante, de soleil aveuglant, de poussière asphyxiante et empestée, de soif inextinguible, de sueur ruisselant de mes tempes et de
mes joues grillées, de lutte contre la fatigue et
l' « énervement ». Mais aussi quel merveilleux
accès de réconfort et de confiance dans l'avenir
de la race, pour avoir vu à l'œuvre, à leur
œuvre obscure et ingrate, les admirables « trin-

glots » de France, officiers, gradés et soldats !
Ceux-ci surtout, les hommes de troupe qui
n'ont pas le stimulant de la conscience et de
l'honneur professionnels, qui sont des « appe-
lés », qui retourneront, leurs deux ans une fois
« tirés », à leur charrue ou à leur établi et qui,
sans espérance de galon à conquérir, accom-
plissent avec tant de calme, d'intelligence, de
patience, de dévouement inlassable, leur besogne ardue !

Vraiment forte, vraiment immortelle est la
nation qui peut, des plus humbles de ses
enfants, de laboureurs, d'artisans, ramassés au
hasard du recrutement, faire ces prodigieux
auxiliaires du combattant, les transformer du
jour au lendemain en ces êtres d'énergie, d'ini-
tiative et d'entêtement invincible que j'ai vus
travailler aujourd'hui sur la piste qui va de
Lalla-Ito à Sidi-Gueddar. Les braves cœurs !
les beaux et bons soldats !

Bien avant l'aube, j'entendais leurs bottes
éperonnées broyer les cailloux et la paille
hachée de l'infect dépotoir où nous avions

planté notre camp, leurs cravaches et leurs bâtons taper sur les tentes où s'obstinaient à demeurer couchés les conducteurs kabyles.

— Debout, Ali !

— Saïd ! Kacim ! debout !...

— Lève-toi, brute !...

— Au jus, ceux de la huitième !...

— Chef, le mulet 316 a des coliques !...

Aussitôt l'orphéon infernal des chameaux attaquait son ignoble choral de grognements, de gargouillements et de râles. Les abominables bêtes ! M'en auront-elles valu, des instants de colère folle, des envies frénétiques de trépigner, de hurler, de me sauver à toutes jambes, d'échapper par n'importe quel moyen à leur affreuse et torturante musique ! En tuer une ! Ah ! oui, briser à coups de trique cette mâchoire qui laisse pendre comme une loque tressaillante et verdâtre la lèvre inférieure, bourrer de sable cette gueule large ouverte qui vomit sans arrêt sa clameur exaspérante, fracasser ce crâne chauve où les paupières lépreuses clignent sur des yeux vitreux et chargés de basse méchanceté, tordre ce cou décharné et ridiculement cambré au bout duquel se renverse, oscille et se balance la tête grotesque !...

Vraiment, ce matin, — comme tous les matins, d'ailleurs, — je haïssais de tous mes nerfs révoltés ces misérables chameaux qui geignaient et braillaient en chœur. Leurs formes bossues gisaient en masses confuses dans le fumier ; les jambes repliées sous les ventres flasques tressautaient rageusement dans l'effort de rompre les entraves ; les échines sinueuses frissonnaient de colère à l'approche des lanternes secouées par les gardiens, et les côtes saillantes, plus lamentablement visibles sous les lueurs sautillantes des lanternes, se tordaient sournoisement pour briser les sangles des bâts... Ah ! les horribles bêtes !

Et, plus je pestais, plus j'admirais les petits tringlots qui poursuivaient imperturbablement et scrupuleusement, et méthodiquement leur peu ragoûtante corvée. Il n'était plus question, comme dans les bonnes garnisons de la métropole, de grimper sur le confortable siège d'un

chariot de parc, de rassembler les guides au
commandement de l'officier de semaine et de
s'en aller, aux allures douces, en rêvassant,
par des boulevards bien pavés, par des routes
départementales unies comme des billards. A
chacun incombait une large part de responsabilité et d'action. Le moindre troupier était un
petit chef qui dirigeait une tribu de sokhars, —
un sokhar (chamelier, conducteur) pour quatre
chameaux, — avec, en guise de contremaîtres,
trois ou quatre bachamars, chacun de ceux-ci
commandant à huit ou dix sokhars.

Ils faisaient merveille, ces pasteurs d'hommes
et d'animaux, dans la vapeur grisaille du
brouillard matinal. La carabine en sautoir sur
le veston de toile graisseuse, la matraque au
poing, ils se démenaient, tempêtaient, distri-
buaient d'équitables semonces et de justes
bourrades, plongeaient entre les pyramides de
caissons à biscuits et de tonneaux, répartis-
saient les ballots, cousaient les nattes du vaste
sac à deux poches où l'on insère la charge du
chameau, bondissaient par-dessus les bottes de

paille. Les fouets claquaient, les triques tambourinaient à grands coups sourds sur les dos arqués, des mulets échappés secouaient furieusement leurs chaînes d'attache, des ânes brayaient, des chameliers marocains hélaient leurs camarades :

— O Mohammed !

Et les tringlots s'enrouaient à jurer, à jeter des ordres, à stimuler leurs subordonnés :

— Je t'ai dit, imbécile, je t'ai dit, crétin, de mettre de côté le coffre à munitions !...

— Je vas te frotter le derrière, moi !...

Les feux de bivouac projetaient vers le ciel leurs langues de flammes, leurs clartés d'incendie et leurs fumées rougeoyantes épanouies en volutes.

Dans le jour naissant, le convoi se formait, après maints remous, au bruit des hennissements, des gargouillements, des sifflements de lanières, des vociférations, — et l'on partait enfin, dans la jouissance du calme reconquis et de l'air gris et frais.

On marchait, et la lumière grandissait, et la

plaine s'étalait, — la plaine jaune d'orges
mûrissantes, la plaine marbrée d'innombrables
taches blanches qui étaient des reines-margue-
rites, de taches rouges qui étaient des coquelicots. — Autour de nous, à perte de vue, elle
moutonnait, à peine ondulée, avec, de loin en
loin, quelques aloès dont les hampes géantes
semblaient des poteaux télégraphiques, et,
dans la direction du sud, une ligne noirâtre :
la forêt de la Mamora. Notre colonne, chenille
énorme et sombre, rampait à travers cette
immensité, tout droit vers l'est. Derrière le
rideau de fumées rousses, de tourbillons de
poussières pourpres, qui s'élevaient de la piste,
le soleil n'était plus qu'un globe sanglant roulant dans le ciel rose. La colonne avançait, par
dix chameaux de front, interminable, tortueuse,
avec des soubresauts, des temps d'arrêt et des
élans brusques, mais elle avançait, entre les
deux chenilles plus petites de ses flancs-gardes,
entre sa double haie de tringlots qui trottaient
autour d'elle et la harcelaient, comme fait un
chien de ses moutons.

3.

Ah ! certes oui, ce sont de beaux et bons soldats que ces infatigables cavaliers du train, et
peu avares de leur peine et de leur sueur !...
Un Kabyle, un de ces insouciants Kabyles, que
l'on a engagés pour la durée de la campagne et
qui marchent la route en jacassant et en chantonnant des mélopées, — la bride de leur
mulet dans une main et dans l'autre leurs précieux brodequins, — un Kabyle s'entendait
inviter soudain à rectifier le chargement de sa
bête. Il quittait à regret sa chansonnette,
débouclait une courroie qui échappait à ses
mains débiles de fumeur de kiss, et tout l'écha-
faudage croulait. Les caisses, les cantines, les
sacs, tout versait dans le sable, et l'infortuné
conducteur contemplait avec stupeur les débris
épars de son matériel, bouche bée, incapable
d'une pensée et d'un geste, accablé par le sentiment de son infortune et par les railleries de
ses impitoyables compagnons.

Alors surgissait un tringlot qui poussait entre
les rangs des railleurs sa monture étique et
qui sautait à terre. A coups de poing, à coups

de pied, il avait tôt fait de rassembler une douzaine d'auxiliaires. Comme par enchantement,
le *barda* se retrouvait en place, solidement
amarré, cette fois, par le soldat qui, délivré de
sa carabine, de son revolver, de sa tunique, à
moitié nu, la face barbouillée de poussière et
de sable, remontait à cheval et s'éloignait au
galop.

Un chameau harassé s'agenouillait, insensible aux exhortations gutturales et à la baston-
nade que lui prodiguait son sokhar. Il repliait
sous lui ses longues jambes et restait là obsti-
nément, la gorge pleine de râles douloureux,
incapable de tout autre effort que de remuer
doucement sa tête pelée. La mort venait en lui,
peu à peu, et l'angoisse faisait courir des ondes
sous sa misérable peau, et, sous les cils blan-
châtres, les petits yeux s'emplissaient d'épouvante. Les vertèbres du cou fléchissaient,
l'animal s'abandonnait, s'allongeait sur le flanc.
Le sokhar marocain s'accroupissait, les bras
ballants, abîmé dans la douleur qui bouleversait son maigre et rude visage. Autour de la

bête et de l'homme, les chameaux continuaient de traîner dans la terre leurs pieds mous, de balancer leurs croupes grises et leurs sacs gonflés comme des outres.

Un tringlot — le même peut-être — émergeait de la cohue et se lançait à corps perdu dans la mêlée des chameliers ramassés à la hâte, des chameaux bien vite aplatis pour recueillir la charge de l'agonisant. Quelques moulinets de cravache, quelques ordres proférés en *sabir*, et le groupe s'ébranlait, laissant derrière lui la pitoyable loque dépouillée et tressaillante.

On allait, dans la chaleur accrue, dans l'intense lumière, vers le globe incandescent qu'ensanglantaient les fumées rousses. L'or des champs d'orge, la garance des coquelicots, le vert foncé des palmiers nains se faisaient plus nets, plus crus, plus vibrants, dans l'infini de la plaine étalée que barrait l'énorme chenille noire, sous le bleu éclatant du ciel. Et toujours les inlassables chiens de berger trottaient et tournoyaient autour de leur troupeau. Et toujours leur tâche innombrable se renouvelait, et

sans cesse ils s'affairaient, congestionnés et
suants : — Kabyles dépenaillés et grelottants
de fièvre qu'il fallait hisser sur les cacolets
branlants et ficeler ; taureaux qui s'attardaient
à brouter les menthes d'un bas-fond et que
l'on ramenait dans le droit chemin après des
fantasias éperdues ; bœufs épuisés qui s'affaissaient et que l'on achevait d'une balle de
revolver ; voitures Lefèvre qui dévalaient avec
un sinistre tintamarre de ferraille la rive abrupte
d'un minuscule oued et culbutaient dans la
vase puante et les galets visqueux, et que des
Sénégalais obligeants, accourus de l'arrière-
garde, remettaient d'aplomb, et qui, le quart
d'heure d'après, chaviraient dans le lit d'un
ruisseau, justifiant ainsi leur renom de prover-
biale malchance ; arabas enlizées que des tirailleurs algériens, attendris par des supplications
véhémentes, arrachaient de l'ornière, chacun
tirant ou poussant ou soulevant pour son
compte, à la manière des fourmis.

Les heures passaient, la chaleur croissait,
devenait torride ; le grand silence de la fatigue

et de la soif pesait sur la colonne qui piétinait lourdement dans la poussière et rampait à travers la plaine désolée et calcinée. Les champs d'orge succédaient aux champs d'orge, les oueds aux oueds, les bouquets d'aloès aux bouquets d'aloès, et toujours les actifs cavaliers harcelaient leurs ouailles, jusqu'à la minute où le camp de Sidi-Gueddar offrit à nos yeux las les cônes rouillés de ses tentes-marabouts, les lignes de ses huttes de pisé, les talus rouge brique de ses retranchements...

Les beaux, les bons soldats que les tringlots de France!... Et dans cette guerre, où, bien plus que les rares escarmouches, prenaient de l'importance les convois destinés au ravitaillement des colonnes, n'étaient-ils pas, ces tringlots, les vrais combattants, les véritables vainqueurs?

V

SOUS LES MURS DE MEKNÈS

Sous les hautes murailles de Meknès, que le vent et le soleil ont patinées d'ocre et d'or fauve, la brigade Dalbiez bivouaquait depuis la veille.

Levé avant l'aube, j'avais vu, le matin, s'éclairer peu à peu la plaine que tigraient les alignements réguliers des tentes-abris, s'évaporer les écharpes de brume qui s'étiraient au revers des mamelons et reprendre couleur et vie l'étendue morne, à peine bossuée par les débris des aqueducs écroulés. Les djellabas des pasteurs marocains avaient éparpillé leurs

menues taches blanches dans l'ivoire blond des
orges ; les troupeaux de moutons avaient semé
d'ellipses rousses le vert olive des jujubiers ;
sur l'orangé d'un sentier qui grimpait à travers
le vert mousse des blés, le burnous aubergine
d'un cavalier avait couru. Le ciel s'était vêtu
de « vieux rose » et de « vert Nil » et, tout
à coup, au-dessus des masses de l'Atlas, le
disque rougeoyant avait émergé, salué par les
nasillements des trompettes, par les roulements
sourds des tambours, par les fredonnements
alertes des clairons. Et aussitôt la clarté souve-
raine, insolente et divine avait baigné les êtres
et les choses. Une fois de plus, j'avais savouré
les sensations exquises du jour naissant. On
est là, tête nue, la poitrine à l'aise dans la
tunique déboutonnée, les poumons dilatés, les
yeux en fête. On a marché hier, on marchera
demain, et c'est tout ce qu'on sait : nuls soucis,
nulles préoccupations que celles, très élémentaires et très machinales, du métier. Le cœur
est en paix, le cerveau est inactif et parfaitement vide, la chair est en joie, — une joie ani-

male de vivre, d'être jeune et fort, et de ne
penser à rien, qu'à vivre. — On jouit merveilleusement de l'aurore, de la brise qui se lève,
des ombres bleues que font les talus, du
feuillage qui ondule entre les créneaux des
vieux remparts, des mélopées enfantines et
ténues que susurre l'ordonnance sénégalaise,
assise à la turque sur la natte de votre lit,
des sonores défis que se lancent les coqs
attachés par la patte aux piquets d'un parc à
mulets...

Une allégresse inépuisable émanait de cette
humanité fourmillante. Les torses nus et hâlés
se courbaient sur les seaux en toile où mous-
sait le savon; les masques basanés ruisselaient
d'eau rougie par la terre pulvérisée; les bras
musclés et noueux comme des sarments levaient
au-dessus des têtes les bottes de paille. Et les
rires, les rires francs et juvéniles, des rires
satisfaits d'hommes bien portants, sonnaient
sans relâche. Une demi-douzaine de chasseurs
d'Afrique, — des Béarnais trapus et des Bas-
ques sveltes, — s'étaient assis en rond pour

fourbir leurs gourmettes. L'un d'eux, quelque
pelotari de Saint-Jean-Pied-de-Port ou de
Béhobie, avait entonné une de ces complaintes
saugrenues que se transmettent de génération
en génération les gens des Sept-Provinces. Elle
n'était guère folâtre, sa chanson, et l'on eût
dit plutôt d'un *vocero*; mais l'heure était si
radieuse, mais cette mélodie du pays renforçait
d'un charme si puissant la gaieté ambiante que
les chanteurs, entre deux couplets, riaient à
gorge déployée et lâchaient leurs chaînettes
pour se taper sur les cuisses.

Des Sénégalais parfaitement nus, des Bambaras géants aux épaules d'athlètes gamba-
daient et sautaient autour des fourneaux rustiques où les cuisiniers agenouillés faisaient
chauffer les marmites de café. Les vingt coloniaux d'une section de mitrailleuses, occupés à
relever sans hâte les pans de leurs tentes, reprenaient en chœur des couplets montmartrois :

> On ne parl' que de Rosa
> Et de sa sœur Joséfa,
> Qui sont, paraît-il...

Hilares, ils s'interrompaient pour reprendre haleine et repartaient de plus belle, au rythme des grosses pierres cognant les pieux de bois.

Une trentaine de tirailleurs algériens, puis cinquante, puis cent, bondissaient aux trousses d'un lièvre infortuné qu'un slougui avait levé et qui déboulait d'un talus. Les forcenés en pantalons-jupes de coutil s'égaillaient à travers le bivouac avec des hurlements féroces de meute découplée, franchissaient d'un élan prodigieux les tranchées et les trous. Les cailloux volaient des mains tendues en avant, manquaient leur but qui filait éperdument, échappait aux traqueurs, disparaissait. Les Arabes bronzés revenaient tout penauds, gesticulant et ricanant.

La chaleur avait crû. La sonnette de cuivre d'un marchand d'eau avait tinté, grêle et musicale. D'humbles juifs, voûtés et recroquevillés dans les plis de leurs soutanelles noires, avaient promené dans les rues de notre ville de toile leurs formes de personnages bibliques, avaient balbutié au passage des officiers les phrases de langue française apprises dans les écoles de l'Alliance israélite, — pauvres diables accoutumés à trembler sous la botte et le sabre marocains, et qui souriaient timidement à leurs libérateurs...

Des fanfares éclatèrent. Le camp secoua la torpeur qui l'envahissait, s'emplit de tumulte, de casques, de chéchias galopant vers l'angle nord-ouest du rempart où flottaient des nuages de poussière. Un camarade me renseigna :

— Ce sont les colonnes Brûlard et Gouraud qui arrivent de Fez avec le général Moinier.

— Mais la concentration, croyais-je, ne devait s'opérer que demain ou après-demain...

— Je le croyais aussi. Mon vieux, mystère et état-major!... On ne nous dit rien, nous ne savons rien... Nous marchons : voilà la seule certitude qui nous soit permise... Et nous avons les pieds en dentelle : voilà une autre certitude, qui dérive directement de la première...

— Que va-t-on faire, ces jours-ci?

— Mystère, mon vieux!... On marche...

Un autre camarade intervenait, un médecin-
major, le type de ces commères mâles qui
ramassent et colportent les petits potins du
corps expéditionnaire et multiplient avec une
candeur désarmante les nouvelles les plus
inattendues et les « tuyaux » les plus « incre-
vables ». Il en est, d'ailleurs, dans le tas, qui
ne crèvent point.

— On dit, chuchota notre homme, avec
un accent indubitablement provençal, on dit
que nous allons tous ensemble nous rendre à
Fez et que là, le quatorze juillet, Moulaï Hafid
nous passera en revue... Eh bien, c'est faux !

En cinq minutes, tandis que nous allions de
conserve à la rencontre de nos amis, le « mor-
ticole » vida son sac. Il tenait d'un infirmier,
— qui le tenait d'un tel, lequel le tenait d'un
tel, lequel à son tour..., — il tenait d'un infirmier que ce bruit de revue solennelle dans les
plaines de Fez était « sans fondement ». D'après
lui, les trois colonnes réunies marcheraient
sur Casbah-el-Hadjeb, imposeraient aux tribus
Beni M'tir une garnison chérifienne, revien-

draient à Meknès et, de là, s'engageant en pays zemmour, ouvriraient la route de Rabat.

— Et puis, ce sera fini : on ne laissera au Maroc que les Sénégalais et les Algériens : les zouaves rentreront à Oran, Alger, Tunis, et les coloniaux dans leurs ports de guerre... Et ce ne sera pas trop tôt !...

Les fanfares devenaient plus distinctes, plus discordantes. Enfin, dans la brèche qui béait entre les remparts et les ruines des aqueducs, les têtes d'avant-garde apparurent.

Les deux colonnes s'avançaient de front, à cinquante pas d'intervalle, dans l'or et le sang du soleil et de la poussière, aux sons des clairons et des trompettes. Des goumiers d'Algérie défilèrent, au trot dansant de leurs étalons décharnés et sales, qu'ils stimulaient du tranchant de l'étrier triangulaire. Magnifiques soldats, avec leur teint de bistre, leurs prunelles graves, leurs nez busqués en becs d'oiseaux de proie, leurs pommettes saillantes, leurs lèvres minces de coureurs de *bled*, de gentilshommes du désert. Ils allaient, penchés en avant et

presque debout entre l'arçon et le troussequin
surélevés de leur selles, dans le cliquetis des
mors et des gourmettes rouillées, des sabres
passés à l'étrivière, côté montoir. Les carabines
enveloppées de chiffons graisseux sautaient
en cadence sur les manteaux de satinette gris
perle ; le vent gonflait les culottes bouffantes
en cotonnade jonquille, grenat et lilas.

Puis ce furent des spahis, aussi nobles d'allure, dans leur burnous de pourpre, aussi
guerriers de race, mais donnant davantage
l'impression d'une troupe régulière et défi-
nitivement façonnée par la discipline du temps
de paix. Puis des chasseurs d'Afrique, des
engagés de vingt ans, des « bleus » de France
imberbes, bien sagement rangés par quatre
bien calmes sur leurs selles réglementaires,
sanglés correctement dans leurs ceintures de
laine rouge. Un peu bronzés et cuits, pas
mal amaigris, déjà sculptés par un mois et
demi de campagne, les braves petits chasseurs
d'Afrique étaient pour moi des images vivantes
de ce que serait, le jour où la nation se lève-

rait contre l'envahisseur, notre troupier de
deux ans, notre paysan et notre ouvrier,
débrouillard, actif, consciencieux, ayant vomi
le poison de l'antipatriotisme et occupé seulement de faire son clair devoir, exactement et
proprement, à la française.

— Le premier soldat du monde, toujours!
murmurait mon camarade. Tiens! voilà le grand
chef...

Un tourbillon de cavaliers casqués et entur-
bannés de blanc, de tous grades, de toutes
armes, de toutes nuances, trottait et galopait
dans la poussière, à distance respectueuse du
« grand chef », qui s'avançait, très mince dans
son dolman kaki, très droit, l'air un peu las et
désabusé derrière son lorgnon d'universitaire.
Un maréchal des logis le suivait, tenant ferme
la hampe et la lance où flottait et claquait au
vent le fanion tricolore. La double haie silen-
cieuse des officiers et des soldats accourus du
bivouac s'immobilisa et salua.

Le colonel Brûlard, petit vieux desséché et
grillé, à l'œil vif et malin, filait devant nous

avec son état-major cramoisi et bleu de ciel et
son spahi pourpre, et son étendard écarlate où
s'échevelait une queue d'étalon et que surmon-
tait un croissant d'or. Après le colonel Brûlard, le colonel Gouraud, — notre Gouraud, —
très droit et très raide, harnaché à l'ordonnance
du couvre-nuque aux éperons, « ressemblant,
chuchotait mon camarade, à quelque brenn
gaulois en uniforme colonial du xxᵉ siècle ».
Un murmure grondait :

— C'est Gouraud...

Les trompettes et les clairons s'étaient tus.
Dans l'espace vide que nous délimitions, l'infanterie, — légionnaires, marsouins, zouaves,
tirailleurs algériens, goumiers de Chaouïa, —
débordait en masses pressées, en troupeaux
piétinants, en grouillement confus et noyé de
poussière, d'où sortaient, les uns après les
autres, les bataillons, les compagnies, les sections.

Par quatre, la main à la bretelle du fusil, le
casque ou la chéchia rejetée sur la nuque, les
fantassins émergeaient de la fumée rousse. Ils

4

marchaient sans hâte, en silence, les genoux pliés, le dos courbé sous le paquetage, les yeux vagues entre les cils noircis par la boue. Arabes ou Français, ils n'avaient pas un regard pour les murailles jaunes de Meknès, pour le feuillage qui frissonnait entre les créneaux dorés, pour l'émeraude et le soufre des pentes de l'Atlas. Ils marchaient, indifférents, stupides, la tête libre de toute idée, ivres de lassitude et de chaleur. Poignantes étaient ces faces humaines, ravagées par la fatigue et devenues quasi animales ; saisissants, les gestes accablés des mains décharnées qui écartaient les mouches, soulevaient le sac ou déplaçaient sur les épaules endolories les courroies des cartouchières.

Les capitaines criaient.

— Serrez !... En ordre !... Allons, allons, du courage !... on arrive !...

Les chefs de section redisaient d'une voix blanche les mots d'encouragement et repartaient, le long du troupeau vacillant et titubant. Un grognement étouffé, quelques soupirs hale-

tants, et les files disloquées se reformaient,
tant bien que mal. De temps à autre, un
homme s'arrêtait, empoignait son bidon, avalait
une gorgée d'eau tiède, restait là quelques
secondes, hagard et comme prêt à choir, puis
se décidait à trottiner gauchement et lourdement.

Aucun esprit de corps, aucune discipline ne
pouvaient faire que ces fantassins parvenus au
terme de l'étape, sentant proche la fin de leur
labeur, ne s'abandonnassent, que leurs nerfs et
leurs muscles surmenés ne fussent invinciblement sollicités de se détendre, que les ressorts
de leur énergie ne cessassent d'être bandés.
Légionnaires comme marsouins, zouaves comme
turcos, ils n'étaient plus que des bêtes exté-
nuées, se traînant vers l'étable pour s'y rassasier et pour y dormir. Et rien, aucune vanité
d'arme ou de bouton, ne prévalait contre ce fait
mathématique que la limite extrême de leur
résistance était atteinte.

Et puis après ?... L'endurance du soldat se-
rait-elle un facteur négligeable, un élément

dont il ne soit pas urgent de tenir compte? Ces êtres essoufflés et fourbus qui râlaient d'épuisement valaient-ils moins parce qu'après six semaines de colonnes, de convois, d'escarmouches, de grand'gardes et d'alertes, ils donnaient des signes non équivoques de détresse? Fallait-il, pour avoir observé quelques-uns de ces signes, rabâcher les exaspérantes rengaines que des jalousies et des rancunes particulières avaient mises à la mode et que, dans mon dos, débitaient avec le plus grand sérieux une demi-douzaine d'augures en uniforme?

— L'infanterie coloniale ne tient pas le coup !

— Les zouaves encore moins...

— Et la légion ne vaut pas mieux...

— Fichus tirailleurs que ces Tunisiens !...

Et autres pauvretés, pendant que s'égrenaient ces malheureux sautillant sur leurs pattes saignantes, et qu'ils s'échinaient à terminer leur besogne de ce jour.

Je savais que demain le premier coup de feu éclatant dans la brousse suffirait à galvaniser ces âmes léthargiques, qu'un sifflement de balle redresserait ces poitrines creuses. Je savais que tous ces efforts, toute cette sueur, toute cette souffrance ne resteraient pas stériles. Et, tandis que butaient contre les touffes de chiendent et les mottes de terre les brodequins déformés, tandis que remuaient contre le kaki graisseux et rapiécé des pantalons les fourreaux rouillés des baïonnettes, tandis que moutonnaient les chéchias décolorées et les couvre-casques pourris, tandis que s'étalait, au triomphant soleil, cette misère ambulante, je glorifiais l'épreuve qui préparait, sous les guenilles, des cœurs d'acier et de diamant...

4.

VI

On marche. — Nous avons laissé derrière nous les hauteurs de Casbah-el-Hadjeb, le plateau demi-circulaire où la citadelle chérifienne élève ses bastions quadrangulaires de pisé. En me détournant, j'aperçois à travers les brumes qui s'évaporent et les fumées de la poussière les pentes abruptes de l'Atlas, l'éclair argenté des torrents qui bouillonnent entre les roches noires, les bouquets de figuiers qui font une ceinture vert foncé aux triangles sombres dessinés par les tentes des douars, les murs démantelés et fauves de la vieille forteresse encastrée au creux de la montagne...

Je me rappelle cette lente descente dans la
tiédeur lourde de l'aube pâle, parmi les blocs
des ravines, les orges, les chardons et l'humus
bouleversé des labours. De l'esplanade naturelle où nous campions, les troupes avaient ruis-
selé, comme l'eau d'un vase trop plein. Les
files bigarrées des escadrons et des compagnies
avaient coulé par les sentes et les thalwegs,
avaient filtré entre les chèvrefeuilles et les lauriers-roses des terrasses. L'énorme cascade
d'hommes et d'animaux avait noyé de son flot
bondissant et chatoyant le revers de l'âpre falaise, et s'était étalée sur les glacis à peine
ondulés de la plaine, que semblait ourler une
écume multicolore de spahis et de chasseurs
d'Afrique caracolants. Puis les colonnes s'é-
taient reformées, étirées en procession sur les
pistes, et s'étaient acheminées vers Meknès...

On marche. — Il est huit heures à peine et
la tiédeur de l'aube est devenue de la chaleur
humide et suffocante. Les mamelons ensoleillés
vibrent et tremblotent comme les parois d'une
chaudière. Des bouffées de vapeur bouillante

nous dessèchent la gorge et les narines. Nous
fermons à demi les yeux pour ne plus être
aveuglés par l'embrasement douloureux du ciel
et le scintillement cruel du sol. Les semelles de
nos brodequins nous brûlent la plante des pieds.
Les feuilles des chardons qui s'agrippent au
feutre de nos jambières craquent et se déchirent
comme un papier fragile.

Les mamelons pelés succèdent aux mamelons
pelés. L'interminable piste les escalade les uns
après les autres, et, sans cesse, avec la régu-
larité implacable d'une houle, s'offrent les
dunes arides après les dunes arides. Pas un
arbre, qu'un palmier, tout seul, très loin vers
le sud, auprès du dôme étincelant d'une koubba.
De-ci, de-là, une touffe maigre de palmier nain
où s'abrite un sloughi efflanqué, tirant la
langue et geignant. Des tentes de pasteurs,
violettes sur le bleu flambant de l'horizon. Un
silence oppressant, une stupeur morne planent
sur la cohue rampante.

On marche. — Durant les premières heures,
nous nous étions leurrés de l'illusion que la

brise du nord-ouest se lèverait ; chacun s'était imaginé subir les atteintes d'un mal passager, conséquence vulgaire et normale des insomnies, des veilles et des étapes ; on avait tâché de se secouer, de réagir un peu contre l'accablement et l' « énervement » irrésistibles. Des voix éraillées avaient lancé les premières mesures d'une romance ; des flûtes avaient gazouillé des notes grêles ; des paumes avaient claqué en cadence... Mais les voix, mais les flûtes s'étaient tues, mais les mains étaient retombées dans le rang. Et les visages s'étaient tournés vers le nord, pour guetter la brise rafraîchissante.

Non ! aucun autre souffle que ces bouffées de vapeur venues de l'orient, du lointain Sahara.

— Le sirocco !

Quelqu'un a prononcé le mot, et les souffrances antérieures, soudain remémorées par ces trois syllabes, et la terreur des souffrances à venir exaspèrent l'horreur grandissante des maux actuels. On souffre et l'on se souvient qu'on a souffert, et l'on redoute de souffrir davantage encore.

On s'abandonne, on ne lutte plus, certain d'avance qu'on sera vaincu par le terrible ennemi, le sirocco. On n'est plus capable que de l'effort d'avancer, la tête basse, les bras ballants, avec des rages furieuses contre la motte de terre qui roule sous notre talon, contre le brin de chiendent qui s'accroche à l'œillet de notre soulier, contre le chardon qui lacère nos bandes molletières.

On marche et l'on ne peut que marcher, brute passive dont les nerfs sont à bout. Dans le cerveau surchauffé, les idées passent, fumeuses et vagues, avec une inconcevable vélocité. On voudrait les fixer, arrêter sa pensée en déroute : autant essayer de chasser l'essaim de mouches qui nous harcèlent de leurs bourdonnements et de leurs fantasias !

Un brouillard sanglant flotte devant mes yeux, à travers lequel je distingue des ombres de tirailleurs sénégalais qui se voûtent sous le *barda*, des ombres de « marsouins », de légionnaires, de zouaves, de tirailleurs algériens qui ploient l'échine sous le havresac.

Quelqu'un me parle... Quelqu'un me parle,
— un capitaine de cavalerie, qui se sait mon
ami et vient de temps à autre bavarder avec moi.

— Ça va?

Je crois que j'ai grogné, pour toute réponse,
un indistinct et peu aimable:

— Ça va...

Je n'en suis pas très sûr... Le diable emporte
le fâcheux qui vient m'agacer de sa conversation!... Il s'obstine:

— Chaud, hein?

— Oui... oui...

Bon Dieu! va-t-il m'importuner longtemps,
ce cavalier? Ne comprend-il pas qu'il m'as-
somme, que le son de sa voix m'irrite affreuse-
ment, que ses propos me paraissent dénués de
sens et tout à fait idiots, que je le hais, — parce
qu'il est à cheval et que je suis à pied, parce
qu'il est mon supérieur hiérarchique et que les
règlements m'empêchent de l'envoyer pro-
mener, parce que... parce que...?

Il s'éloigne, déconcerté, à la fin, et renfrogné.
Mon irritation, loin de s'apaiser, s'exaspère du

remords qui me ronge d'avoir blessé un excellent ami — et de mon entêtement à vouloir nier ce remords...

Des coups de sifflet : — la halte horaire. — Les *bardas* tombent d'eux-mêmes entre les faisceaux de fusils, et les soldats noirs s'écroulent sans mot dire auprès de leurs *bardas*.

C'est l'instant où viennent vous rendre visite les lieutenants des unités voisines, où vous leur rendez visite, où vous allez donner un coup d'œil aux bâts des mulets à munitions et à outils, en même temps qu'un joyeux coup de sonde dans la bourriche aux provisions, — où, la tranche de pain et l'aile de poulet aux doigts, vous reprochez en termes plaisamment amers au triste médecin-major de votre bataillon son goût dépravé pour le *camping*, à l'officier chargé des mitrailleuses, l'obésité de ses courtauds... Cependant, aujourd'hui personne ne vient à vous et vous n'allez à personne. La ligne droite des faisceaux est jalonnée de silhouettes assises ou debout, mais farouchement seules, qui sont les chefs de section. Que

pourrait-on se dire, qui ne soit un rappel de
l'abomination présente? Vaut-il pas mieux demeurer chacun dans son coin, prudemment,
que d'échanger des réflexions désagréables,
puis des violences ? Vaut-il pas mieux serrer
les poings dans la solitude que les flanquer au
nez de son prochain ?...

Pas un buisson, pas un arbuste au pied duquel s'étendre, fourrer dans l'ombre son crâne
qui éclate !... Pas même une pauvre petite place
qui soit nette de chardons hérissés, qui ne dé-
chire, à travers la toile usée du pantalon, les
reins et les cuisses du pauvre diable épuisé qui
s'affaisse !...

D'autres coups de sifflet : il faut accomplir
l'effort atroce de se redresser, de ressaisir le
sabre et le bâton, de rajuster les courroies du
revolver et de la jumelle, admonester les tirailleurs trop lents à ramasser leur *barda*, s'arracher de la gorge un : « En avant! » étranglé,
faire la première enjambée !... Le supplice
recommence. On est reparti. Et le grand silence
pèse toujours sur la colonne...

On marche. — Le sirocco, devenu plus véhé-
ment, nous vomit au visage des bouffées de
vapeur plus ardente : on respire du feu... Pour
étancher la soif qui me dévore je porte à mes
lèvres le goulot de mon bidon : pas une goutte
d'eau !... Absurde oubli de mon ordonnance !...
Un traînard, un légionnaire débraillé, qui s'est
arrêté à trois mètres de moi et qui boit à longs
traits, feint de ne pas avoir remarqué mon
geste : il a peur, une peur abjecte, que je ne
lui demande une gorgée de son café ou de son
tafia; il se sauve, à toutes jambes, une main
sur son précieux bidon... Et je trouve tout na-
turel son égoïsme flagrant. Chacun pour soi !
Cette formule fut sans doute inventée par des
gens de guerre, un jour que soufflait le sirocco.

La soif !... J'ai commis l'imprudence grave
de penser à la soif, et la soif me torture... C'est
elle qui impose invinciblement à mon imagina-
tion surexcitée ces visions d'eaux limpides et
glacées, de sources jaillissantes, de ruisseaux
clairs chantonnant sur les silex arrondis et
polis, de buée ennuageant le cristal des coupes,

de jets murmurant dans les vasques, d'oasis
baignées d'ombre suave et de silence et de
paix... Je dois avoir, pour contempler les scènes
de douceur et de béatitude physique dont est
peuplé mon esprit, ces prunelles de désespé-
rance infinie qui brûlent dans les masques tra-
giques de mes hommes... Et, vraiment, je déses-
père. Je maudis frénétiquement l'appétit d'aventures, de lutte, de vie passionnée, qui m'a fait
souhaiter de venir dans cet abîme de souffrances
innommables ; je maudis ce métier de soldat
que j'ai la naïveté, habituellement, de révérer
comme un sacerdoce ; je maudis mes chefs que
je rends responsables de ma misère et qui se
soucient fort peu de l'alléger, mes compatriotes
de la métropole qui ne m'auront aucune grati-
tude de mes angoisses et de mes douleurs...
L'iniquité du sort me révolte, d'autant plus
que je sais plus injustes et plus dérisoires mes
révoltes mêmes...

Un Kabyle, qui remorquait par la bride
un mulet d'ambulance, s'est affalé soudain :
étendu sur le dos, loque terreuse et lamentable,

il gémit faiblement, sans lâcher cette bride
qu'il a été payé pour tenir. Il est tombé en travers de la piste. Les rangs de quatre hommes
viennent buter, à tour de rôle, contre l'obs-
tacle et le contournent sans un mot de pitié,
sans une grimace d'attendrissement. Chacun
pour soi, n'est-il pas vrai?... Un médecin-
major doit menacer de sa cravache un tringlot
algérien qui fait la sourde oreille et rechigne à
déboucler les courroies de son cacolet...

Dix fois, vingt fois, cinquante fois, la même
scène se déroule, avec des péripéties identiques. Des zouaves tombent, des coloniaux,
des légionnaires, des tirailleurs algériens, et,
chaque fois, j'observe sur les traits décomposés
le même effroi, la même terreur panique, le
même renoncement lâche. Ces hommes qui se
laissent aller succombent à l'épuisement, oui,
sans doute, mais plus encore à l'épouvante des
fatigues futures. Leurs muscles sont moins
atteints que leurs nerfs et que leur cerveau. Ils
considèrent le calice qui leur est offert : il leur
apparaît démesuré, plein jusqu'aux bords, et

ils reculent. Ce ne sont plus des hommes, ce
sont des brutes. Des brutes balbutiantes, des
enfants qui ne veulent plus qu'on les batte et
qui volontiers pleurnicheraient...

Mes Sénégalais demeurent fermes au poste :
ils en ont vu bien d'autres, dans les fournaises
de Mauritanie ! Mais leurs nerfs, à ceux-là
mêmes, sont mordus par l'acide!... Dans le
lourd silence une exclamation de colère, que
suit tout un chapelet d'injures ignobles vocifé-
rées en bambara, en « petit nègre », en arabe :
un tirailleur a heurté du coude son voisin, et
ce voisin, réveillé de sa léthargie, devient subitement fou de colère. Après les cris, les coups :
il bondit, les poings tendus, la face convulsée :
il va frapper, frapper jusqu'à la mort. Je fais
un signe : des camarades l'empoignent, l'entraî-
nent derrière l'escouade de queue, et, de loin,
j'entends sa clameur d'énergumène réduit à
l'impuissance outrager l'univers entier, interminablement...

Ah! qu'il fait chaud!... On voudrait mourir!... Se coucher, mourir, comme ce chameau

qui gît là, insensible enfin, les pattes allongées et raidies, le cou rejeté en arrière par le suprême spasme et le crâne touchant la nuque !...

Il est neuf heures : jamais ne prendra fin cette journée de torture et de délire !... Est-ce le sang affluant à mon cerveau?... Est-ce la poussière qui empourpre ainsi l'atmosphère?... Tout est rouge, tout est couleur de sang... Des vapeurs rouges oscillent devant le soleil, brouillent et estompent les contours des mamelons et des crêtes, dansent au creux des vallons où des flaques d'eau écarlate semblent de la fonte en ébullition...

On n'a plus conscience... On ne se souvient plus, on n'espère plus, on ne se révolte plus... Où est-on? où va-t-on?... Qui pourrait le dire?... Et puis, qu'importe?...

Mourir! mourir!... Mais sortir de cet enfer!

VII

DANS LES JARDINS DE MEKNÈS

J'ai franchi la Porte interdite et je me suis enfoncé dans les jardins de l'Aguedal. J'y suis venu après la sieste, tout seul, par un besoin farouche de mutisme et de rêverie. Et il me semble que le Paradis terrestre m'environne et que jamais, jamais plus, je n'aurai le courage d'en retraverser le seuil.

Tant de calme, tant de fraîcheur, tant d'apaisement habitent ce lieu!... tant d'ombre y règne!... Le monde extérieur est si loin!... Je me souvenais tout à l'heure qu'il existe une ville de Meknès, avec des maisons cubiques éblouissantes de blancheur, avec des minarets gaufrés en nids d'abeilles, avec des toits de mosquées en tuiles vert olive, avec un quartier juif barbouillé d'outremer, avec des rues qui empestent le beurre rance et l'huile et que la populace enfiévrée emplit de son bourdonnement. Je me souvenais qu'il existe sous les murs de l'Aguedal un camp formidable où s'agitent, vocifèrent, hurlent des milliers d'hommes ; que le Maroc me guette pour me reprendre, avec ses landes en friche et hérissées de chardons, ses collines d'orge et de blé, ses rudes montagnes, et qu'il me faudra prochainement peiner, haleter et suer sur ses pistes et rajuster sur mes épaules le pesant collier de misère... Tout cela, je l'ai oublié... Rien ne m'est plus, plus rien, que ce Paradis qui m'enveloppe, me pénètre de sa douceur, de sa paix infinie...

Je foule une herbe drue et vivace dont les tiges s'écartent à mon passage avec un sifflement ténu et se redressent mollement. Je marche sur des pelouses grasses et d'un vert suave qu'étoilent, comme les prairies de France, de

naïfs boutons d'or et d'ingénues marguerites.
Elles sont, ces pelouses, les clairières de la
forêt féerique : les jardins de l'Aguedal sont un
verger prodigieux, un bois géant où ne poussent leurs souches centenaires et n'enchevêtrent leurs ramures que des arbres fruitiers.

Au sein de cette oasis merveilleuse, rien qui
parle de l'Afrique : ni palmiers, ni cactus, ni
figuiers de Barbarie ; rien qui évoque le Maroc
âpre et calciné, sec et poussiéreux. Je suis en
France, dans un verger de conte bleu, dans le
parc enchanté du château de la Belle au bois
dormant. Depuis des années les jardiniers
léthargiques n'ont profané de leurs faucilles ce
gazon hirsute, blessé de leurs couteaux ces
rejets moussus. Nul ne viendra cueillir, à l'automne, les grenades enflammées sur ces arbres
où les fleurs sanglantes déclosent leurs corolles
charnues. Les sphères d'or nées de ces fleurettes
odorantes, aux branches des orangers, nul ne
viendra les détacher, brutalement ni doucement : elles tomberont et mourront inviolées
sur le sol humide où pourrissent leurs sœurs

5.

de l'an passé. Ces prunes d'un vert à peine translucide encore, ces pêches que l'été dépouillera de leur robe duveteuse, aucuns doigts ne s'imprimeront, jamais, dans leur pulpe fondante...

Qui donc, après moi, s'avisera d'égrener les mûres blanches et d'en goûter l'aigrelette saveur ? Le jardin magique sommeille et, sous les citronniers, sous les orangers, sous les pêchers, les pruniers, les mûriers, qu'étreignent de leurs ceps noueux des vignes folles, rien ne vit que les insectes bataillant et grouillant parmi les herbes, que les filets d'eau vive qui filtrent par tous les pores de l'humus spongieux, s'épandent dans le gazon avec des rires étouffés ou argentins, s'étalent en mares transparentes qu'imprègne de clarté mobile un fuseau de soleil et que sillonnent des argyronètes. Rien ne vit que le roucoulement éperdu et mélancolique des tourterelles dans les frondaisons et les pépiements des moineaux, hôtes effrontés et bavards des ruines désertes comme des cités tumultueuses.

Où que j'aille, je me heurte à des arbustes
ocellés d'écarlate, de safran, de rose, de carmin,
de neige, de lilas. Je franchis, d'un bond, des
cascades minuscules où l'eau s'argente, se dore
et s'irise sur des galets chamois et qu'enguir-
landent des chevelures de mousse. Je patauge
dans des bas-fonds qu'ont masqués de vert
tendre et d'ocre cuivré les pousses du gazon et
les feuilles mortes. Je traverse des clairières qui
semblent plus lumineuses de toute la pénombre
des sous-bois d'alentour et que des rais de soleil
jonchent de leurs ellipses dansantes; je suis des
sentes qu'étranglent et enténèbrent de leurs
troncs pressés et de leurs denses ramures les
arbres de la forêt mystérieuse. Je voudrais marcher comme cela pendant des heures, pendant
des jours, me plonger, m'anéantir dans cette
verdure et dans ces parfums et dans cette ombre.

Et puis, derrière le rideau subitement
éclairci, des pans de murailles m'apparaissent,
nus et rongés par les averses : les remparts de
Meknès. Je me rejette en arrière avec une
sorte de désespoir, je rentre dans ma forêt...

Je me suis assis sous un mûrier, j'ai ôté mon
casque et j'ai aspiré à pleins poumons la béatitude immense de l'heure. Le fourmillement
de la vie microscopique et invisible, les rou-
coulements des tourterelles, les chuchotements
du feuillage, le rire cristallin de l'eau courante
ont suffi à emplir tout mon être épuisé. J'ai
connu et savouré, un instant, la félicité d'être
comme mort, ne me souvenant de rien, n'ayant
plus de désirs, évadé du temps.

Tout près de mon oreille, dans un fourré,
un oiseau chantait. J'ignore à quelle espèce il
peut appartenir. C'est une fauvette, peut-être,
mais de cela je ne suis pas certain. Des chants
comme le sien, j'en ai entendu dans nos forêts
de France, quand je commençais, adolescent
tout enivré d'illusions, mon apprentissage de
chasseur. Mais d'autres soucis hantaient alors
mon âme fiévreuse et je poursuivais ma course,
inquiet seulement de mes chimères et, par intervalles, du braque infortuné qu'intriguaient et
déconcertaient mes distractions. Que me faisait
un cri d'oiseau de plus ou de moins?

Celui qui chante aujourd'hui dans le jardin du Sultan ne sait qu'une mélodie. Il la redit infatigablement. Infatigablement il dévide l'immuable série de ses trilles et de ses roulades : des notes très pures, très douces, qui forment une espèce de plainte à peine marquée, d'une tristesse légère, et cependant poignante à force d'être répétée. Et cette plainte finit par agir d'étrange façon sur mes nerfs vaincus par l'épuisement. Il me semble que mon cœur va me remonter aux lèvres et que je vais pleurer stupidement, puérilement, sans cause.

Je me suis étendu contre la terre maternelle, la face dans l'herbe, les jambes et les bras allongés : ainsi prostré, j'écoute le chant du musicien ailé qui brode sa variation sur l'accompagnement sourd et continu du verger tressaillant. Que sa chanson est triste, qu'elle est triste ! Et que cette tristesse est immatérielle et fluide, effacée, comme un pastel ancien ! Le front, le nez, le menton enfouis dans le gazon, les yeux clos, je vois reparaître en moi-même de gris novembres de France, des bois de pins

touchés par l'automne et baignés de crépus-
cules, des rues vieillottes de petites villes où
bruine la pluie maussade, des reflets de réverbères sur des pavés fangeux, une silhouette de
femme sur le quai d'une gare, dans le brouillard, la nuit et la fumée, — une femme qui
sanglote sans bruit, le mouchoir appliqué à la
bouche, toute menue, toute fluette, pitoyable...

Oui, j'ai envie de pleurer, tellement ce chant
d'oiseau remue en moi de choses, tellement je
suis las, moulu, courbatu, saoul des misères
quotidiennes de notre vie errante, tellement le
contraste est cruel entre la paix que m'a versée
le jardin enchanté et le tumulte et les violences
qui vont me ressaisir tout à l'heure...

Tout à l'heure il faudra m'arracher de l'herbe
bienfaisante, marcher vers la porte où se querellent les factionnaires avec les troupiers ivres
qui veulent forcer la consigne, il faudra rentrer
dans le camp. Je retrouverai les tranchées
souillées de détritus immondes, les chaumes
piétinés, les tourbillons de poussière mélangée
d'ordure, tout le fumier qu'est une aggloméra-

tion d'hommes. Il me faudra subir de nouveau
le spectacle écœurant des tirailleurs algériens
forçant à la course de malheureux toutous et
les assommant de leurs matraques, des convoyeurs kabyles en guenilles crasseuses, assis
dans le crottin et l'urine de leurs mulets et
bâfrant avec une avidité bestiale des viandes à
peine cuites.

J'entendrai, avec le même agacement fébrile,
des soldats européens se lancer, par manière
de divertissement et à tue-tête, des injures
ignobles, des gradés japper après leurs hommes,
des officiers déchirer à grand renfort de réflexions venimeuses la réputation de leurs pairs
et de leurs chefs.

Les mêmes imbéciles me chuchoteront mys-
térieusement, avec des mines confites de vieil-
les dévotes, les tout derniers et très confiden-
tiels « tuyaux » recueillis sur les lèvres de
quelque infime dernier planton de l'état-major,
les plus infaillibles pronostics sur les futures
opérations.

Les puces, les moustiques, les mouches,

d'autres bêtes encore me dévoreront... Tous
ces maux qui, en temps ordinaire, me
feraient tout au plus hausser les épaules, j'en
souffre véritablement, maintenant que pèse sur
moi la fatigue ; j'en souffre d'autant plus que
j'ai vécu, dans le verger féerique, ces quelques
minutes d'accalmie et de grâce.

Ils reviennent en foule m'assiéger, plus
âpres, plus hideux par toute la beauté ensorce-
lante du luxuriant et paisible jardin, par toute
la mélancolie pénétrante du chant que soupire
le musicien ailé, par les souvenirs que ce chant
a fait surgir en moi. Et, réellement, j'ai envie
de pleurer.

Dans le gazon où je suis couché, l'effroi
anticipé torture mes nerfs et mes muscles des
efforts qui restent à faire, des luttes qui restent
à soutenir. D'avance, le soleil aveuglant des
pistes où je marcherai demain, après-demain,
les jours suivants, met sur ma nuque sa brûlure
douloureuse, sous mes paupières son éclat
insoutenable. D'avance, ma gorge se rétracte,
desséchée par les bouffées d'air chaud que ren-

verront les roches embrasées des mamelons.
J'ai soif, d'avance, j'ai faim, d'avance, et tous
mes muscles s'ankylosent et s'engourdissent
d'avance... Je sens au creux de ma poitrine le
ruissellement glacé de la sueur...

Le soir vient. Une immense tristesse, avec le
crépuscule, descend sur le verger magique, une
immense détresse, une immense lâcheté.

VIII

CHEZ LES ZEMMOURS

Donc, ce matin, nous avons combattu, —
chose rare dans les annales de cette expédition
— ou plutôt l'on a combattu sous nos yeux. Et
ce fut une distraction fort inattendue et bien
accueillie, car l'étape était longue et risquait,
par conséquent, d'être fastidieuse.

Nous étions entrés, la veille, en pays zemmour, avec l'intention bien arrêtée d'ouvrir, de
gré ou de force, aux caravanes de la civilisation la route de Fez à Rabat. — Nous avions
d'abord compté, nous militaires, que ce serait
de force : on nous avait tant répété en Chaouïa,

dans le Gharb, à Meknès, que les Zemmours
étaient gens d'humeur peu accommodante,
haïssant les Roumis et prêts à succomber jusqu'au dernier pour la défense de leur *bled!* Mais,
depuis, dans notre campement d'Aïd-Lorma,
des caïds étaient venus, en nombre, apporter à
nos chefs la soumission de leurs tribus et l'assurance de leur inaltérable dévouement à la
cause du makhzen. Ils étaient repartis, bien
tranquilles sur les douze tapis de leurs selles,
l'air très sage, et nous les avions regardés filer,
un peu déçus dans notre espoir de bataille, un
peu penauds et un peu méprisants : « Donc ces
irréductibles, ces farouches Zemmours trem-
blaient comme leurs frères des plateaux devant
nos formidables mehallas ! Donc ils déclinaient
notre cartel avant même d'avoir quelque peu
fusillé nos vedettes et tâté le pouls à nos flancs-
gardes. Soit! nous saurions désormais à quoi
nous en tenir sur les réputations établies à bon
compte, en terre marocaine, par les artisans
timides et les prudents laboureurs de la
plaine!... »

Et nous avions décampé, ce matin, avec le cérémonial accoutumé des bataillons affluant avant l'heure au point initial, des chevaux s'ébrouant et hennissant, des mulets gémissant, des chameaux gargouillant et des tirailleurs algériens nasillant dans leurs flûtes à six trous. Avec les à-coups, avec les remous et les piétinements traditionnels, les compagnies s'étaient ébranlées, les unes après les autres, avaient cherché et trouvé leur place entre les batteries, les escadrons, les sections de mitrailleuses et les ambulances, et nous avions entamé l'étape, dans les brumes de l'aube, mal éveillés encore et frissonnants et grommelants.

Pendant que nous escaladions une côte abrupte, le soleil s'était levé derrière nous, avait balayé le brouillard, et nous avions vu, dans la pleine lumière, à travers les orges, les blés et les palmiers nains — ocre, « vert Nil » et « vert bouteille » — des gorges où nous étions engagés, nous avions vu l'énorme chenille de la colonne étirer ses anneaux sombres. Une fois de plus, la joie avait été octroyée à

mes regards des files d'hommes courbés sous
le havresac et roulant des épaules et qui ruisselaient au revers d'une crête, des mulets que
leurs bâts faisaient paraître bossus et qui, tout
en secouant leurs oreilles, choisissaient adroi-
tement, entre les roches, le creux solide où
poser leurs sabots, des chameaux dodelinant
leurs têtes de vieillards arrogants et chauves,
dans la clarté limpide et nette qui accusait
presque brutalement les contours et les reliefs,
donnait aux ombres une précision quasi maté-
rielle.

La route que nous suivions s'élevait en lacets
au flanc d'une montagne escarpée où les indigènes avaient réussi à tailler quelques champs
et dont les sommets se découpaient vigoureusement sur le cobalt du ciel. A notre gauche,
une vallée très encaissée d'abord et s'évasant,
s'élargissant de plus en plus, avec des étran-
glements subits, des promontoires pelés et des
échappées vers des cirques identiques, pour la
forme et pour l'aspect, à celui dont nous con-
tournions la lèvre septentrionale.

La chaleur avait crû très rapidement, était devenue intolérable. L'air grésillait et vibrait au ras du sol calciné. Les épis mûrs s'affaissaient comme au souffle d'une rafale. Sous des buissons de jujubiers, des chiens étiques tiraient leurs langues roses en haletant. Les chansons des flûtes et les mélopées des turcos s'étaient tues. Les grosses voix des Sénégalais avaient cessé de glorifier les hauts faits des généraux et des colonels légendaires. Bref, tous les indices précurseurs d'une journée très pénible. Maudite campagne! maudits Marocains! maudit Maroc!... Et même pas la perspective d'un combat qui nous aurait divertis et nous aurait fait oublier nos fatigues, puisque les tentes noires des douars tachetaient de leurs triangles les pentes des hauteurs et que les Zemmours, les farouches Zemmours, étaient rangés, par clans de trente ou quarante guerriers accroupis, le long de la piste, le capuchon rabattu sur le nez, comme des pénitents en cagoule, et nous dévisageaient curieusement. Dès l'instant où les tribus n'avaient pas fait le vide devant nos

colonnes, il n'était pas question, disaient les
augures informés des choses marocaines,
d'échanger des coups de fusil. Tout semblait
respirer la paix.

Donc les Zemmours, emmitouflés dans leurs
burnous et sagement alignés, nous regardaient
passer en marmottant des phrases dont le sens
nous échappait, à nous, officiers des pays
jaunes et noirs. Le bruit courut cependant que
ces phrases avaient, pour la plupart, une signi-
fication injurieuse. Les montagnards, nullement
émus par l'appareil de notre force, raillaient
notre précipitation à tirer vers l'ouest et nous
comparaient dans leur langue à des lièvres, à
des gazelles, à des chiens, tous animaux prompts
à la fuite. Les spahis, les tirailleurs algériens
prétendaient qu'il n'était pas possible de conserver le moindre doute sur les intentions ou-
trageantes des orateurs. Quoi ! se laisserait-on
insulter par ces va-nu-pieds?... Les lames des
sabres frémissaient de colère dans leurs fourreaux...

Des cavaliers étaient venus galoper le long

de la colonne, comme pour délimiter ses flancs et reconnaître ses points faibles, et puis avaient disparu derrière des ressauts du terrain. La vallée s'élargissait encore à notre gauche, s'étalait, bosselée de mamelons fauves et vert foncé, — orges et palmiers nains. — Par une trouée de la gorge nous avisâmes un groupe de cavaliers, une centaine au plus, qui descendaient au pas de leurs montures la pente d'une colline. Aussitôt les jumelles de jaillir de leurs étuis et les discussions habituelles d'aller leur train :

— Ce sont des douars qui viennent demander l'aman.

— Mais non ! ce sont des goumiers.

— Des goumiers !... Dans cette formation ?... et à cette distance ?... ils sont au moins à trois mille mètres...

— Bah ! vous voulez rire ! Je dis, moi, deux mille cinq cents...

La trouée dépassée, nous n'avions plus de l'événement qui se préparait que des notions pour ainsi dire répercutées : — vedettes qui se rejoignaient sur les crêtes, sections de fantassins qui partaient au pas gymnastique renforcer des flancs-gardes invisibles, estafettes et officiers d'état-major qui gagnaient aux allures vives le sommet de la tranchée naturelle où nous cheminions. — Que se passait-il en avant, en arrière, sur nos deux ailes? Impossible de le deviner.

Dans le silence attentif qui s'était établi, nos oreilles perçurent le bruit sourd d'une détonation, quelque chose qui tenait le milieu, pour la sonorité, entre un coup de fusil et un coup de canon de petit calibre.

— Ça, dit quelqu'un près de moi, c'est un winchester; il n'y a pas à s'y tromper... Les Zemmours ont tous des winchester. C'est Abd-el-Aziz qui leur en avait fait cadeau...

La marche se poursuivait dans la gigantesque ornière qui dévalait au flanc de la montagne et dont les lèvres nous enveloppaient. Le va-et-vient des estafettes s'animait, de nouvelles sections se détachaient de la colonne, gravissaient le talus de la dépression, dispa-

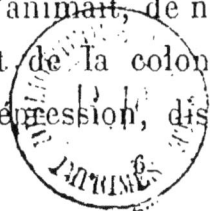

raissaient. Personne ne souffrait plus de la
chaleur ni des mouches qui s'acharnaient sur
les joues suantes. On allait peut-être combattre !
Et chacun de nous pensait bien, *in petto*,
prendre sa part de la réjouissance, à moins de
« déveine » noire... Une seconde détonation,
une troisième, toute une volée de « boum ! »
graves et prolongés par l'écho. Les winchesters encore...

Puis l'éclat déchirant d'une salve : les lebels
entraient en jeu. Et les mitrailleuses parlaient
à leur tour, égrenant leur « tac ! tac ! tac ! »
précipités et saccadés. Puis les canons, les 75,
se mettaient à gronder de leurs voix sèches et
cassantes. Décidément, l'affaire s'amorçait.

On marchait toujours, dans le fracas grandissant dont les vibrations se propageaient au-
dessus de nos têtes, à nous qui rampions au
fond de notre rainure. Les bords de la route
s'abaissaient enfin, nous doublions le contrefort
qui nous avait masqué pendant vingt minutes
interminables la scène et les acteurs.

Halte !... La colonne tout entière s'était

immobilisée et avait fait front à gauche. Derrière nous était la montagne abrupte qu'entail-
lait la piste et que tenaient nos coureurs. A nos
pieds s'ouvrait une cuvette immense, un cirque,
jaune d'orges mûres, glauque de palmiers nains,
où s'enchevêtrait la houle des collines basses
et que barrait de son scintillement d'acier bleu
l'oued Beht, serpentant parmi les lauriers-
roses. A sept ou huit cents pas au-dessous de
nous, sur l'échine d'un promontoire arrondi en
carapace de tortue, des pièces de 75 étaient en
batterie et tiraient, l'une après l'autre, sans
hâte mais sans arrêt. On voyait les servants
agenouillés derrière les ailes déployées de leurs
caissons, le chargeur debout, balançant la
monstrueuse cartouche dont le cuivre étin-
celait, le pointeur et le tireur assis sur leurs
sellettes de part et d'autre du tube gris fer, et
manipulant méthodiquement les leviers et les
volants de leur mécanique, avec la gesticulation
étriquée et précise d'une dactylographe devant
son clavier. Sur d'autres promontoires, des
lignes de fantassins dissimulés derrière des

arbustes et des touffes de chardons exécutaient
des feux à volonté et des feux de salve que,
dans ce tintamarre du combat, nous reconnais-
sions au jeu désordonné ou simultané des culasses brillantes montant du sol vers l'épaule
des tireurs et retombant vers le sol. Sur une
colline plus éloignée, d'autres canons, d'autres
fantassins et des sections de mitrailleuses. A
l'extrême pointe d'un piton en pain de sucre,
une douzaine de spahis ou de goumiers. Plus
près de la route et dominant tout le cirque, au
faîte d'une pyramide de roches éboulées, un
groupe d'officiers au-dessus duquel flottait au
vent le fanion bleu d'un chef de colonne.

Quant à l'ennemi, il était à peu près invisible. A force de tourner et de retourner les
molettes de nos jumelles, nous finissions par
surprendre un grouillement de cavaliers entre
les bouquets circulaires de jujubiers, une poignée de fantassins qui détalaient à toutes
jambes sur un sentier, s'effaçaient dans la
brousse, un petit flocon de fumée blanche qui
semblait éclore au-dessus des fourrés, s'épa-

nouissait, crevait comme une bulle de savon :
— un obus qui venait d'éclater et déterminait
la fuite en tous sens de quelques marionnettes
imperceptibles, aussitôt avalées par les herbes.

La marche reprenait, sur la route qui dégringolait vers le fond du cirque. Il devait en être
de cette affaire comme il en avait été des
affaires précédentes ; le rite immuable qui règle
en pays arabe les opérations de guerre déroulait
la série de ses vicissitudes nécessaires.

Le Marocain, ennemi très mobile et presque
insaisissable, nomade que l'on ne pouvait
atteindre dans ses foyers, puisque ses foyers se
déplaçaient avec lui, et qui n'offrait par conséquent à l'envahisseur aucun objectif géogra-
phique et défini dans l'espace, le Marocain nous
imposait une tactique. Résolu, après de longues
palabres, d'orageuses discussions, de sanglantes
controverses, à ne point solliciter l'aman, il
suit ses caïds qui le mènent au-devant de
l'étranger : les théières taries, les tentes abattues, il saute en selle, galope jusqu'à ce qu'il
aperçoive les colonnes traînantes et sinueuses

des Roumis. Il n'a point l'espoir de les immobi-
liser, de les écraser, de les mettre en déroute;
sa seule ambition est d'abattre quelques guerriers francs et de glaner quelque butin.

Aujourd'hui, selon l'invariable formule, les
Zemmours étaient venus tourbillonner le long
de notre mehalla; ils avaient déposé dans les
orges leurs fantassins qui avaient fusillé nos
flancs-gardes; ils les avaient recueillis à l'arrivée des renforts qui marquaient un mouvement
offensif, les avaient installés sur une autre
croupe où la même comédie devait se jouer.

Les trois colonnes, Brûlard, Gouraud, Dalbiez, allaient-elles déployer devant cette poignée
de pillards leurs effectifs entiers, renoncer à
continuer l'étape et à gagner le gîte désigné
d'avance? Évidemment, non. Ainsi s'expli-
quaient notre paisible descente vers l'oued
Beht, derrière le rideau protecteur des canons,
des mitrailleuses et des fusils, et la physionomie
identique de cette escarmouche, des escarmouches passées et futures, qui était et serait
obligatoirement celle d'une retraite par éche-

lons. Dès qu'avaient gagné du terrain le gros
de la colonne et le convoi, un pan de rideau se
repliait, occupait une nouvelle position plus
rapprochée du gîte futur, couvrait de ses salves
la manœuvre du pan voisin qui se repliait à son
tour. Et ainsi de suite...

Cela était normal, régulier, fatal. Mais l'intérêt de l'opération s'en ressentait considéra-
blement. Et, bien vite, on se lassait d'un
spectacle où l'on s'était promis d'être au moins
figurant et qui reculait à chacun de nos pas,
s'éloignait, au point que les acteurs mêmes
devenaient invisibles.

L'oued Beht franchi, le bivouac de notre
bataillon établi sur l'évasement occidental du
cirque, nous nous trouvions avoir décrit autour
des combattants un quart de cercle. Il était onze
heures, à peu de chose près. Nos hommes ali-
gnèrent leurs tentes triangulaires, creusèrent
leurs tranchées, allumèrent leurs feux. Nous
nous assîmes, deux camarades et moi, sous une
bâche étayée de quatre piquets et nous man-
geâmes et nous bûmes, en regardant les petits

nuages des obus crever sur les buissons de len-
tisques. Toute la vallée était en feu. Les orges,
les blés, les chardons, les palmiers nains, tout
flambait, avec des tourbillons de fumée noirâtre
et des crépitements qui faisaient leur partie dans
le chœur assourdissant des canons, des mitrailleuses et des fusils.

Tout cela, tout cela ne constituait pour nous
qu'une espèce de cadre, assez agréable en
somme, à notre repas froid. Oui, en cours de
route, à l'instant où nous accablaient la lumière
trop crue et la chaleur trop intense, les préludes
de l'échauffourée avaient pu retenir et fixer
notre attention : n'était-ce pas une diversion
appréciée à nos soucis, à notre agacement, à nos
souffrances?

Mais nous étions repus et désaltérés, mais
nos tentes étaient dressées, mais nous allions
pouvoir nous asperger d'eau fraîche, changer
de linge, nous allonger sur nos lits pliants,
dormir!... Au prix de ces délices, qu'était la
cérémonie militaire qui s'achevait sous nos
yeux?...

Très égoïstes, les hommes qui raisonnaient ainsi, n'est-ce pas?... Mais ces raisonnements, à toutes les époques, tous les soldats du monde, éreintés et fourbus, les ont machinalement et inconsciemment formulés. Ce n'est point à la gloire que songeaient les héros de toutes les races et de tous les siècles, après une marche pénible, ce n'est point à la gloire que nous songions, mais à manger, à boire et à dormir... « Et tout le reste est littérature... »

Il est maintenant cinq heures de l'après-midi. On ne se bat plus dans la vallée où roulent les tourbillons de fumée, où se tordent les flammes. Les Zemmours ont filé dans la direction du sud, vers les passes du Tafoudeit, où les tribus ont rassemblé, dit-on, leurs femmes, leurs enfants et leurs troupeaux. La colonne Gouraud, qui a tenu aujourd'hui l'emploi de rideau, bivouaque sur la rive droite de l'oued Beht, et les cuisiniers de ses escouades allument les feux pour la soupe du soir.

Je suis sous ma tente. Je n'ai plus faim ni

soif. Après un *tub* exquis, j'ai endossé un veston de toile propre. Je réfléchis : « Le temps est clair à souhait... Il fera frais cette nuit... Il faut que j'écrive aux miens... Marchera-t-on demain?... Tiens! un coup de winchester! Il y aura peut-être alerte ce soir. Regrettable !... Mais l'étape eût été bien assommante sans la petite fête... »

Voilà, franchement, à quoi je pense. Et, des six ou sept mille hommes qui peuplent en ce moment les mamelons de Souk-el-Arba-es-Zemmour, il n'en est pas un, je le jurerais, qui ait en tête des soucis moins vulgaires... Un seul, à la rigueur : le général en chef...

IX

J'ai sur la conscience un bien gros mensonge, de l'espèce que les casuistes appellent « joyeuse ». J'avais reçu d'une charmante petite dame une lettre fort agréablement tournée, pleine d'aimables intentions et de questions polies.

Cette petite dame s'enquérait de la vie que nous menions au Maroc, moi et mes confrères de tous grades et de toutes armes; elle témoignait le désir, naturellement, d'être renseignée sur nos exploits guerriers, mais plus encore sur notre habituel trantran, nos occu-

pations quotidiennes, l'emploi que nous faisions, au bivouac, de nos loisirs.

« Quelles sont dans les camps vos distractions?... Pratiquez-vous des sports, et lesquels?
Lisez-vous ? quelles sont vos lectures favo-
rites?... Quels sont vos rêves ? Je les imagine héroïques et tellement exaltés encore par
la réalité splendide qui est votre lot accoutumé!... Je vous vois courbés sur des cartes et
recherchant les itinéraires suivant lesquels vos
troupes iront aux victoires du lendemain, ou
bien assis à l'ombre des palmiers, récitant à
haute voix les sonores poèmes d'un Heredia... »

Alors j'avais menti : j'avais brossé pour ma
correspondante un tableau de nos faits et gestes
conforme à son idéal, un tableau soigneusement
exécuté, léché, pourléché, verni; quelque chose
qui avait la joliesse et les délicates nuances
d'une bombe glacée fraîchement extraite du
moule, — pistache, framboise et fraise. — Mais
quoi! elle est si blonde, ma correspondante !
elle a des yeux si clairs et si puérils! Pouvais-je
les attrister par l'exhibition de notre rude lai-

deur?... Et puis, elle tâchait si gentiment de
me procurer l'illusion que sa pensée rendait
parfois visite à l'ami absent!...

Sa lettre et ma réponse me reviennent à la
mémoire aujourd'hui, et le contraste est si comique entre la vérité présente et le masque
dont je l'ai sciemment affublée que je ne puis
m'empêcher de sourire.

Nous bivouaquons à Tiflet, c'est-à-dire sur
les collines qu'il a plu aux géographes de dési-
gner par ce nom. Aussi loin que porte mon
regard, je n'aperçois aucun village, aucun ves-
tige de construction qui puisse indiquer aucunement qu'au lieu nommé Tiflet ait jamais pu
exister une agglomération d'êtres humains.
Mais les géographes, par le prestige de leurs
ouvrages imprimés, affirment que nous sommes
bien à Tiflet; les rapports et les ordres généraux que nous adressent nos chefs sont datés
de Tiflet : nous devons nous incliner...

C'est hier matin que nous avons établi notre
camp sur ces mamelons. Et je n'aurais voulu

pour rien au monde que ma sensible correspondante pût assister à cette cérémonie très
prosaïque. Elle nous aurait vus escalader, la
tête basse, abrutis par la chaleur, les pentes du
ravin où nous avions fait halte en attendant
que l'état-major eût choisi un terrain favorable.
Elle aurait entendu nos grommellements hargneux :

— Bon ! encore dans un champ d'orge !

— Il faudra encore aller chercher l'eau po-
table à trois kilomètres !

Les uns juraient en butant contre une
motte de terre labourée, d'autres fauchaient
rageusement du sabre quelques épis, d'autres
s'emportaient contre les mouches dont les
piqûres et le bourdonnement les rendaient à
moitié fous... Petite dame blonde aux yeux
clairs, nous n'étions pas jolis !...

Ma compagnie de tirailleurs sénégalais avait
été conduite sur l'emplacement qui, paraît-il,
lui était assigné. Déploiement, formation de
faisceaux, *bardas* à terre.

— Les chefs de tente, sortez !

Les caporaux s'étaient placés à la queue leu leu, à cinq ou six pas d'intervalle, tenant à bout de bras leur fusil, la crosse en l'air, et regardant avec l'ahurissement obligatoire leurs gradés qui les interpellaient.

— Faites appuyer à gauche la troisième section.

— Moussa Bamba, recule!... Recule, nom d'un sabord!... Veux-tu reculer!...

— Sératigui, en arrière!

— Veuillez donc vous occuper un peu de votre section.

— Mon lieutenant, le sergent indigène...

— Je me moque du sergent indigène! Il n'est là que pour vous seconder, et non pour vous permettre de vous tourner les pouces!

— Ne bougez plus : tout le monde est placé!

Les caporaux avaient enfoncé dans l'argile leurs baïonnettes. Et voilà que surgit un officier d'état-major :

— Mon capitaine, ce n'est pas là que votre compagnie doit camper.

— On aurait pu m'en informer plus tôt, vous ne croyez pas?... Et où faut-il que nous nous transportions?...

On est allé un peu plus loin, en grognant et sacrant, tandis que ce damné soleil nous rôtissait l'échine et la nuque. La même opération est accomplie, avec les mêmes cris et les mêmes tempêtes de fureur. Les tirailleurs ont dégainé leurs coupe-coupe, fauché l'orge et les chardons, arraché avec leurs pioches les touffes de palmiers nains, ajusté sur les piquets démontables les toiles crasseuses et graisseuses des tentes-abris, non sans bousculades, sans objurgations furieuses, sans clameurs rocailleuses et rauques. Les cuisiniers d'escouade ont creusé de leurs pelles-bêches les deux fosses à angle droit de leurs fours improvisés. Les sergents ont happé par la manche les porteurs de seaux en toile et aboyé, tout en distribuant des bourrades :

— Corvée d'eau ! rassemblement !

Cependant les gradés européens, officiers et sous-officiers, allaient et venaient, calmant les uns, modérant le zèle des autres, gourmandant celui-ci, réconfortant celui-là d'une bonne parole ou d'une tape amicale. Après une heure d'attente, les cinq chameaux du train régimentaire faisaient dans le camp leur entrée majestueuse, consentaient à s'accroupir et, sans cesser de ruminer et de gargouiller, se laissaient délivrer de leurs harnais. Nos ordonnances montaient la tente que partageait avec moi un lieutenant commandant une section de mitrailleuses, — une de mes recrues de Saint-Cyr. — Les lits portatifs dépliaient leurs armatures de fer embouti et leurs toiles à voile, les malles-cantines s'inséraient sous les lits et notre cuisinier Ali Kamara, un Soussou de Sierra-Leone, qui a servi dans l'armée anglaise, qui ne comprend et ne parle que l'anglais, nous avertissait de nous mettre à table.

Que l'ombre de la tente était délicieuse, après le cuisant soleil de l'étape ! Nous savourions le bonheur d'abandonner nos casques, d'éponger nos tempes meurtries, de nous asseoir sur le bord de nos couchettes, les bras

ballants, le crâne vide, exténués, à demi morts.
Ali Kamara nous apportait des bidons de vin et
d'eau, des gobelets, et nous buvions à longs
traits, sans pouvoir étancher notre soif. Nous
mangions les tranches de saucisson, les œufs
durs, les ailes de poulet que nous offrait Ali
Kamara. Nous mangions sans échanger une
parole, trop fatigués encore, trop accablés par
la somnolence qui nous envahissait. Et le
sommeil de brute succédait à la somnolence,
sommeil sans rêve, sommeil semblable à la
mort...

Combien de temps ai-je dormi? Après combien d'heures d'anéantissement me suis-je levé,
les articulations rouillées, les paupières bat-
tantes? Je ne sais : en campagne, on perd
aussi bien la notion des instants que des dates.
Le soleil était très haut encore et brûlait le
coutil de la tente. J'ai secoué par l'épaule le
« mitrailleur » et nous avons hélé nos ordonnances :

— Samba Dialo ! prépare le *tub !*

— Mathurier! versez de l'eau dans la cuvette !

Savonnés, lavés à grande eau, nous avons goûté le plaisir incomparable de nous savoir propres dans du linge propre et dans des uniformes de toile un peu fripée, un peu usée, mais propre : oui, très prosaïque, mais diablement bon !... Et alors, et alors, — *mens sana in corpore sano*, — nous avons savouré la joie toute cérébrale de nous asseoir sur une botte d'épis et de contempler l'horizon, sans rien dire et sans penser à rien.

Le paysage qui s'offrait à nous, je l'ai encore sous les yeux : un plateau ensemencé d'orge et de blé à perte de vue, entaillé de ravins très profonds et très encaissés qui le divisent en mamelons arrondis et d'égale hauteur. Sur un de ces mamelons, légèrement bosselé et revêtant la forme d'un trèfle, le camp des trois colonnes, avec son appareil réglementaire : ses tentes couleur de fange, ses tranchées, ses petites fumées bleuâtres montant tout droit vers l'azur incandescent du ciel. A trois pas de nous, la déclivité du terrain se précipitait, dégringolait presque à pic vers un oued enfoui dans les lauriers-roses et où grouillaient des légions de troupiers et de tirailleurs, occupés à laver leurs hardes, à se baigner, à faire boire leurs chevaux.

Très loin, au sommet d'une colline, deux vedettes, deux goumiers, rigides sur leurs montures. Plus loin encore, des cavaliers zemmours, — une trentaine, — essaimés et groupés alternativement, trottaillant et galopaillant... Des rebelles? des gens qui venaient se soumettre?... A quoi bon se creuser la tête pour d'aussi ridicules problèmes!... Il y avait des cavaliers zemmours à l'horizon. Eh bien! il y avait à l'horizon des cavaliers zemmours! Et puis après?... On entendait, tous les quarts d'heure, cinq ou six détonations de winchesters marocains. Et puis après?... Nous étions là, béats, ne songeant à rien, et, pour nous contraindre à la réflexion, il aurait fallu bien autre chose que ces trente cavaliers et que ces pétarades anodines...

Quatre heures de l'après-midi... C'était le moment d'aller voir les tirailleurs qui reve-

naient de consulter les médecins-majors ;
ensuite on donnerait un coup d'œil aux distri-
butions de vivres. Nous nous levions, un peu
courbatus, et nous marchions en bronchant
sur les mottes de glaise durcie.

— Sergent Mamady !

— Mon lieut'nant ?

— Apporte-moi le cahier de visite.

— Mon lieut'nant, y a pas malades.

Les Sénégalais ne sont malades qu'en garnison. En route, ils ne connaissent d'autres
maux que des crevasses à la plante des pieds et
ces crevasses ne les empêchent pas de marcher
allègrement. Ces gens-là sont en fer.

Aux vivres, maintenant !... Sur des sacs dé-
ployés l'adjudant indigène répartissait en seize
tas égaux le riz, puis le sucre, puis le café en
pyramides moins hautes, et son acolyte, un
tirailleur à mufle de bouledogue, tranchait de
son coupe-coupe des quartiers de viande san-
guinolente. Autour des sacs, les caporaux
étaient accroupis et surveillaient d'un regard
soupçonneux le partage des victuailles...

7.

— Mon lieut'nant, c'est fini.

— Bon !... Pas assez de bois, hein ?

— Pas assez, mon lieut'nant. Mais tirailleurs y en a ramasser en route petits bâtons...

Un tour aux tranchées que les sergents sénégalais avaient fait creuser, aux « feuillées » discrètes, aux fours des cuisiniers, et, du même pas tranquille, évitant avec un soin jaloux la hâte et les gestes brusques d'où risquerait de résulter une fatigue superflue, nous allions inspecter les vingt coloniaux et les quinze mulets de la section de mitrailleuses. Très hâves, très misérables d'aspect physique étaient les hommes, et pourtant affairés à leurs humbles besognes. Quant aux bêtes, elles étaient, comme toujours, merveilleuses de placidité narquoise, de bonne humeur et de belle santé.

— Ces mulets sont étonnants !

— Étonnants !

Ainsi échangions-nous des pensées aussi profondes que pouvait nous les permettre le vide parfait de nos cerveaux.

— Est-ce toi, demandait le « mitrailleur »,
est-ce toi qui es « de jour » ?

— Non.

— Viens avec moi, alors.

— Où va-t-on?... Pas trop loin, hein?

— Au camp Gouraud, voir des camarades.

C'était l'heure des visites. Sous les tentes,
sous les bâches accrochées au timon des charrettes, nous trouvions des officiers : les uns
prenaient leur *tub*, d'autres pansaient les écor-
chures de leurs pieds, d'autres jouaient au
bridge. Les fourriers venaient lire les ordres,
accueillis par les commentaires habituels :

— Repos demain!... excellent!

— Oui, une sacrée chance!

— Et après-demain, que fera-t-on?

— Vous verrez bien... En voilà, un garçon
curieux!...

Des projets que méditait sans doute le haut
commandement, de la situation tactique et stra-
tégique, de la conquête, des Marocains et du
Maroc, de l'Europe, de la France, de Paris,
nulle trace dans nos propos. Et quoi de surpre-

nant à cela? Nos préoccupations étaient d'un autre ordre, toutes professionnelles et toutes personnelles. Nous ne pouvions, nous ne devions raisonnablement pas être capables d'autre chose que de faire notre service et de songer à nous-mêmes, à notre chair épuisée. Le reste n'existait pas.

— Nous rentrons, mitrailleur?

— Rentrons...

La nuit venue, les sentinelles doubles placées, les postes de surveillance installés dans leurs tranchées, le dîner avalé en hâte, nous nous allongions dans nos couchettes parallèles; entre nous deux, la flamme jaune d'une bougie sous le globe du photophore. Les couvertures tirées jusqu'aux épaules, nous causions :

— Il fait bon, hein ?

— Oui.

— Quelle absurde existence !

— Oui... ce n'est pas drôle.

— Elle commence à pourrir, ta tente.

— C'est une tente d'occasion... Passe-moi quelque chose à bouquiner.

— Tiens...

Nous lisions. — Et savez-vous, petite dame blonde, ce que j'ai lu hier soir, avant de m'endormir?... Dois-je l'avouer?... Oui?... Eh bien, j'ai lu, minutieusement et avec le plus vif intérêt, toute la sixième page d'un grand quotidien, une page de petites annonces : occasions, offres d'emplois, appartements meublés, mariages, etc.

X

SUR LA LANDE DE DAR-EL-AROUSSI

Jamais je ne pourrai arracher de ma mémoire le spectacle saisissant qui m'est apparu dans la lumière livide de l'aube...

A travers cette lande de Dar-el-Aroussi où nous avons hier établi notre camp, on dirait qu'un souffle de mort a passé. Sous les tentes en lambeaux, ce ne sont pas des hommes qui sont allongés, ce sont des cadavres : ils ont, des cadavres, le teint terreux, les paupières de cire qui demeurent insensibles aux piqûres des mouches, les narines pincées, les lèvres décolorées, entr'ouvertes comme par le dernier spasme de l'agonie. Parmi les touffes d'herbes, parmi les épis d'orge, à même le sol, ils sont étendus pêle-mêle, dans l'attitude où l'irrésistible sommeil les a figés hier, les bras ouverts en croix, les jambes raides.

A l'appel du clairon qui a salué d'une fanfare haletante l'aurore de ce premier jour pacifique, leurs corps inertes n'ont pas eu un tressaillement sous les haillons informes qui les vêtent. Ils dorment, ils dorment... Coloniaux, chasseurs d'Afrique, goumiers, artilleurs, tringlots, ils gisent sur la terre bienfaisante, ils se saoulent d'inconscience et d'immobilité. Auprès d'eux, leurs chevaux réduits à l'état de squelettes, leurs mulets dont le cuir flasque est une seule plaie saignante, sont affaissés dans les chaînes et la même léthargie accable ces carcasses rigides.

A trois pas de ma tente, sous une charrette, un brigadier de spahis repose. C'est un gamin d'une vingtaine d'années, absolument imberbe. Je devine qu'il fut un campagnard robuste, râblé, poupin et rose, un coq de village que

devaient se disputer les filles. Il est là, dans sa
torpeur de bête épuisée, blafard, sans une once
de chair sous ses pommettes saillantes et jau-
nies, la peau striée de rides où s'est incrustée
une boue faite de poussière et de sueur. Sa
denture étincelante d'animal puissant se dé-
tache entre des gencives exsangues. Les manches de son veston de toile laissent dépasser
des poignets tannés et desséchés, minces à faire
peur. Sa culotte de coutil flotte sur des tibias
effilés comme des lames de coupe-coupe. Les
mains, les mains qui sont posées à plat sur la
couverture de feutre, ressemblent à des serres,
tellement l'épiderme noirci adhère aux os.

Je reste béant devant la multitude de ces
êtres qui jonchent la lande autour de moi et
qui n'ont plus rien de la créature vivante,
sinon la respiration essoufflée dont frémissent
imperceptiblement leurs torses efflanqués.
Vraiment on dirait d'une foule qu'une mort
foudroyante aurait fauchée d'un coup. La veille
encore, elle peinait sur la piste qui du camp
Monod aboutit à Dar-el-Aroussi et, malgré

l'inexorable soleil, malgré la longueur de
l'étape, je n'avais pas remarqué sur les faces
cette empreinte de misère physique, d'abominable détresse.

C'est que la tâche n'était pas achevée encore.
Et la volonté de marcher, d'aller jusqu'au
sommet du calvaire, l'âpre résolution de ne
pas renoncer avant le terme de la course tenait
debout les troupiers sur leurs jambes flageo-
lantes, bandait les suprêmes ressorts de leurs
énergies, tendait leurs muscles et leurs nerfs,
allumait dans leurs prunelles éblouies une dernière flamme : ils plastronnaient encore.

Une fois parvenus au but, ils se sont laissés
choir, avec un profond soupir, et sont tombés au
néant...

La pleine clarté du jour inonde le camp :
c'est une radieuse matinée de juillet, sous
l'azur fluide et immaculé du ciel. Des moineaux piaillent éperdument parmi les haies,
dans les figuiers de Barbarie où s'ouvrent les
grasses fleurs d'or. Les aloès érigent leurs
hampes verticales au-dessus des champs et

des vergers qui nous séparent de l'Océan...
L'Océan !... il tient tout l'horizon de son étendue infinie que blanchit et que moire la brise
embaumée de senteurs salines.

Au sud, derrière les feuillages clairs des
pêchers et des pruniers, les cubes éblouissants
et les minarets émaillés de Salé resplendissent.
Plus loin encore, sur sa falaise ruisselante de
verdure, Rabat dresse ses murailles fauves et
les façades outremer de son mellah... Là-bas
sont des maisons, des gens qui vivent sous des
toits, reposent dans des lits, mangent à leur
faim, boivent à leur soif, des gens qui aiment,
qui sont aimés, qui ornent à leur fantaisie les
heures de leurs journées, des gens qui vivent,
enfin, d'une vie régulière et douce... Et, pendant qu'ils vivent, ces hommes sont là, couchés sur le dos, qui râlent d'épuisement...

Durant deux mois, ils ont marché. Leurs
fatigues ont été inouïes ; inouïes, les privations
qu'ils ont endurées. Partis de Casablanca, ils
ont longé la côte jusqu'à Mehedya, foncé vers
Fez, couru à perdre haleine dans la région

de Fez, de Meknès, de Sefrou, de Casbah-el-
Hadjeb, tantôt allant au nord, tantôt revenant
sur leurs pas, tantôt lancés vers l'ouest, tantôt
rappelés à l'est.

Les combats qu'ils ont eu à livrer n'ont été
que des escarmouches de médiocre importance,
mais qui leur ont donné l'occasion de prouver
leur entrain et leur bravoure. Les alertes
de nuit les ont trouvés résolus et dociles à la
voix de leurs chefs, attendant pour lâcher leur
coup de fusil les ordres des gradés, rompus
comme de vieux routiers à ne s'étonner, à ne
s'effrayer d'aucune de ces surprises qui boule-
versent les âmes des recrues. Les étapes, ils les
ont accomplies sans révolte, se contentant de
grogner entre leurs dents, de pester, comme il
convenait, contre les ennuis du métier et, plus
encore, contre la rareté des « affaires ». Les
vétérans de la Grande Armée grognaient de
même façon et n'en étaient pas moins d'admirables soldats. Il faut n'avoir jamais présidé
qu'à des évolutions de pioupious en bois peint
pour blâmer ou déplorer ces lamentations iné-

vitables, exutoires par où s'épanche la mauvaise humeur de la troupe, obligatoire sujet de conversation entre camarades.

Ils ont escorté des convois, respiré par tous les pores l'infecte poussière dont les chameaux saupoudrent leurs conducteurs. Ils ont cheminé sur le flanc des colonnes, hors des pistes tracées par les caravanes, buté contre les cailloux, pataugé dans les mares. Les chardons et les ronces ont lacéré leurs jambières, griffé leurs brodequins, déchiré la chair de leurs jarrets. La rosée des prairies a trempé l'étoffe de leurs pantalons, l'eau bourbeuse des oueds a souillé et pourri les sandales de corde dont ils chaussaient leurs pieds endoloris. La chaleur asphyxiante des siroccos les a suffoqués et affolés.

Ils ont monté la garde aux avant-postes et les brouillards glacés des nuits marocaines ont rouillé leurs articulations. Ils ont couché sous la tente, mal abrités des averses et, pendant les siestes, mal garantis du soleil cuisant.

Dans ce pays où les collines et les plaines

ont été depuis des siècles dépouillées de leurs
forêts, dans ce temps où les nécessités straté-
giques obligeaient les commandants de colonnes
à marcher de l'avant, coûte que coûte, et sans
attendre que fussent ravitaillés les magasins
volants de l'administration, les conquérants du
Maroc ont souvent reçu de l'intendance, au lieu
de pain, de la farine, au lieu de bois, rien. —
Il ne pouvait en être autrement : une expédition coloniale n'est pas un pique-nique de bourgeois. — Ils se sont débrouillés, ont glané des
tiges sèches d'asphodèles, des piquets abandonnés par les pasteurs nomades aux palis-
sades des douars, des racines d'arbustes, des
bouses presque pétrifiées. Parfois, suivant leur
expression d'incorrigibles gouailleurs, ils ont
« fait ceinture » et se sont couchés sans avoir
absorbé d'autre aliment que les biscuits de leur
havresac.

La faim, la soif, l'insomnie, tour à tour, les
ont torturés.

Ils ont été héroïques, et quiconque prétendra
qu'il n'en est pas ainsi, qu'il y eut des défail-

lances et des lâchetés, que tels ou tels furent
plus ou moins vaillants et endurants que tels
ou tels autres, quiconque prétendra que le
troupier du Maroc, arabe, noir ou français, ne
fut pas à tout instant un merveilleux instrument de guerre, celui-là péchera par ignorance
de la vérité ou mentira.

L'effort de ces gens-là fut gigantesque, quasi
surhumain. Quiconque le niera sera dans l'erreur involontaire ou volontaire — et, dans ce
cas, singulièrement basse et vile. — Ce qu'ils
ont fait, ces soldats de notre France, quels soldats de quelle nation eussent été capables de le
faire ?...

Et maintenant que l'œuvre est consommée,
ils ont bien gagné le droit de s'abandonner, un
moment, et d'être, comme des cadavres, allongés sur cette lande de Dar-el-Aroussi. Ils ont
quitté le chantier où le dernier clou était assu-
jetti de leurs mains : qu'ils dorment, les bons
ouvriers, qu'ils dorment, dans la sérénité, dans
l'oubli de leurs peines. Ils l'ont bien gagné, le
droit de s'avouer enfin exténués, harassés !

Ils gisent pareils à des morts et montrant, sur leurs figures amaigries, la terreur de la géhenne d'où ils se sont évadés. La lumière triomphale de juillet éclaire leurs postures de renoncement...

Une immense pitié m'étreint devant le spectacle de leur désarroi. Je pressens que plusieurs, beaucoup d'entre eux, des centaines peut-être, mourront d'épuisement, que leurs entrailles délabrées, leurs veines taries, leurs nerfs corrodés ne leur seront d'aucun secours lorsque se présentera l'inévitable cortège des fièvres et des dysenteries. — Une immense pitié, avec une sourde et déraisonnable colère contre les privilégiés qui, à cette heure, s'étirent dans leurs lits moelleux, dans leurs maisons de pierre, et qui se soucient fort peu de nous et peut-être, qui sait? nous conspuent...

Et puis, après la pitié, après la colère, un orgueil prodigieux de cette œuvre, une fierté infinie d'appartenir au peuple pour qui ces hommes, Français de naissance ou d'adoption, tous, ont donné le sang de leurs veines et la chair de leurs corps. Immortelle, invincible, la nation qui a pu susciter de tels dévouements, de telles abnégations, de tels sacrifices! Qu'importent les laideurs, les tristesses, les cruautés, puisque sur la plaine où sont couchées les victimes plane l'image de la patrie plus grande encore, plus belle, plus rayonnante! Qu'importent les morts de demain puisque notre armée, l'armée de notre France éternelle, sort de l'épreuve plus riche de gloire et de force!...

XI

EN PAYS ZAÉR

Dzimm!... *Dzimm!*... Une balle!... une deuxième balle!... d'autres balles encore!... Elles passent très haut, beaucoup trop haut, avec un bruit assez curieux : — sifflement de fouet, ronflement de toupie, cri aigu de l'hirondelle, vibration d'une corde de guitare tendue à rompre et que vient de pincer le doigt du musicien...

Clac!... une balle!... Celle-ci, au lieu de prolonger dans les airs sa plainte stridente, s'aplatit contre une roche avec une détonation brutale et nette, comme si elle eût fait explosion.

8

Mes hommes, mes Sénégalais, sont agenouillés, assis ou couchés sur l'échine d'un
mamelon abrupt et qui offre l'aspect d'une
pyramide tronquée. D'autres Sénégalais, des
spahis, une batterie de montagne occupent, à
notre gauche, la plate-forme de cette émi-
nence; l'arête occidentale qui part de la plate-
forme, celle où ma section est installée,
s'abaisse sous un angle très aigu; à notre
droite, une vallée tourmentée, dont nous bar-
rons un versant, s'incline jusqu'aux lauriers-
roses d'un oued pour remonter ensuite vers
les assises escarpées de montagnes toutes
hérissées de broussailles. Derrière nous, à mille
ou douze cents mètres, le camp d'où nous
sommes partis tout à l'heure...

En avant de notre front, une série de mamelons, les uns incultes et parsemés de palmiers
nains, les autres tapissés d'orges mûrissantes
et délimités par des sentiers et des murettes de
pierres sèches. Entre ces mamelons, des ravins
dont les parois semblent à pic. L'ensemble
nous présente un glacis irrégulier qui s'élève

en pente douce depuis la base de notre pyramide jusqu'à des collines plus hautes, achevées
sur un col, revêtues de vert olive par des jujubiers et d'autres arbustes moins faciles à reconnaître.

De ces murettes, de ces sentiers, des Zaërs
embusqués et parfaitement invisibles nous fusil-
lent sans trop d'acharnement. Et nous leur
répondons, c'est-à-dire que nos meilleurs
tireurs, chaque fois qu'un burnous montre la
pointe de son capuchon, lui dépêchent un pro-
jectile. De temps à autre, un fantassin marocain jaillit de son abri, franchit au pas de course
une vingtaine de mètres et se terre. Des cavaliers traversent au galop une trouée qui s'offre
d'enfilade à notre feu et les Sénégalais se
hâtent de les mettre en joue et de tirer...

Il est midi ; il fait horriblement chaud : une
soif inextinguible me brûle, mon bidon est vide.
Mes quarante noirs, qui sont tapis derrière les
buissons et bavardent en épiant l'ennemi, se
détournent pour m'interroger de l'œil. Assis
sur une grosse pierre, je fouille de ma jumelle

les anfractuosités du glacis où s'agitent les burnous zaërs. Je lâche ma jumelle pour empoigner mon mouchoir, pour éponger mes tempes ruisselantes, mon front, mes paupières, mes joues, ma nuque.

Auprès de moi, mon sergent indigène, Bakary Sangaré, est accroupi, son fusil entre les jambes, et fume sa pipe.

La soleil incendie toute la vallée, allume des flammes légères sur les cailloux des champs, sur les eaux de l'oued qui transparaissent à travers les lauriers-roses. L'air chaud danse et frémit au-dessus des orges courbées et des palmiers nains. Les ombres des arbustes se détachent, violettes, sur l'or clair des moissons. Les dernières cimes qui se profilent sur le bleu incandescent de l'horizon découpent avec vigueur leurs crêtes dentelées et les chevelures de leurs forêts, si bien qu'elles paraissent toutes proches.

Il est midi. Il y a deux heures que nous sommes là, fusillant et fusillés...

A l'aube, nous avions quitté notre campe-

ment de Mechra-Ma-Aziz et nous étions venus
vers cette vallée de Guelta-Elfila, à l'allure pro-
cessionnante et solennelle qui est celle de notre
formidable colonne, avec nos chameaux, nos
ambulances, nos batteries, nos sections de
mitrailleuses. La chaleur était intolérable, les
mouches agressives, les gorges où nous nous
étions engagés très dures à gravir et sans cesse
coupées de torrents à sec, de ravines qui ralen-
tissaient notre marche et nous contraignaient à
des pauses exaspérantes.

Enfin nous avions terminé notre étape et nos
hommes avaient jeté à terre leurs *bardas*, dé-
bouclé leurs ceinturons, déroulé leurs toiles de
tente. Alors ont éclaté des coups de feu : des
spahis se sont élancés, ventre à terre, pour porter
secours aux goumiers algériens qui, paraît-il,
étaient attaqués, et nous, Sénégalais, à notre
tour, sommes partis pour renforcer les spahis.
Au pas gymnastique, nous avons franchi des
étendues jonchées de cailloux et fleuries de
chardons, dégringolé et escaladé les talus de
coupures béantes et rejoint nos cavaliers sur ce

monticule où nous ont accueillis les projectiles des winchesters marocains.

Des intentions que peuvent bien avoir mes chefs, de ce qui se passe au sommet de la pyramide, derrière notre front, ou du combat lui-même, je ne sais rien. On nous a commandé de nous arrêter là et de tirer : nous nous sommes arrêtés et nous tirons. A notre gauche, des salves et des coups de canon éclatent de temps à autre. La musique sifflante des balles résonne au-dessus de nos têtes, et, par instants, le « clac! » cinglant d'un lingot de plomb qui s'incruste dans les roches m'avertit que les Zaërs n'abandonnent pas la partie.

Un caporal que j'ai envoyé aux nouvelles m'apprend que les Marocains nous ont tué quatre goumiers et qu'ils détiennent les quatre cadavres. Qu'attendons-nous pour leur courir sus et leur reprendre leurs trophées? Oui, qu'attendons-nous? Évidemment nous n'avons en face de notre ligne qu'une poignée d'hommes et ceux-ci n'ont d'autre rôle que de nous amuser, pendant que filent vers l'issue de la vallée les femmes, les enfants et les troupeaux du douar.

Il fait chaud, il fait soif... J'avais été absorbé tout d'abord par mes soucis professionnels. Il m'avait fallu, pendant que nous accourions au secours des spahis, veiller au bon ordre de ma section, modérer la fougue des uns, accélérer l'allure des autres, rectifier l'alignement de ma petite troupe qui, sans relâche, emportée par son élan, s'efforçait de me dépasser et de transformer en lutte de vitesse cette marche à l'ennemi. Une fois en position, j'avais dû contraindre à se dissimuler quelques étourdis, étudier avec ma jumelle le champ de tir, évaluer les distances, déterminer les hausses, méditer sur les moyens de rendre efficacement aux Zaërs leur fusillade, en évitant tout gaspillage de munitions. Cela n'avait pas été facile : les rares objectifs qui s'offraient aux coups ne s'offraient que pour un espace de temps fort limité ; il était nécessaire de les saisir au vol. Toutes les formalités réglementaires, — indication précise du but, genre de feu à exécuter,

hausse à prendre, commandements divers, —
toutes ces formalités, je n'avais pas le loisir de
les égrener conformément aux rites sacro-
saints : je les avais donc supprimées purement
et simplement. Et j'avais expliqué à mon sergent indigène que les bons tireurs seuls, ceux
que je désignais par leurs noms, feraient feu,
lorsque apparaîtrait à portée un cavalier ou un
fantassin.

— De ce ravin-ci à celui-là, hausse de quatre
cents mètres. De ce ravin-là à ce sentier, six
cents. De ce sentier à cette meule de paille, huit
cents. Au delà, ne pas tirer. Toi compris?

— Compris, mon lieut'nant.

Et mes ordres avaient été suivis, ponctuelle-
ment, avec cette aveugle dévotion à la consigne
qui fait la caractéristique du soldat noir.

Les projectiles de l'adversaire, les chances
d'être tué ou, tout au moins blessé, on n'avait
guère le loisir d'y songer, vraiment : c'est
pourquoi, sans doute, je n'y avais pas songé.

Maintenant je n'ai plus qu'à demeurer assis
sur ma grosse pierre, ma jumelle au poing,

attendant les événements, et je ne songe pas
davantage au risque possible. Et j'ai encore
pour cela une excellente raison : j'ai soif — et
ma soif est trop ardente, trop impérieuse, pour
laisser place à quelque autre idée.

Au feu comme pendant la marche, la bête
domine et le cerveau obéit à ses suggestions :
les anxiétés sont d'ordre essentiellement physique, et c'est plus tard seulement, l'esprit
redevenant le maître, que leur mesquinerie
étonne et déconcerte. Durant l'action, elles
règnent despotiquement, uniquement. Il ne
subsiste chez le combattant, et particulièrement
chez le fantassin, que des réflexes professionnels et ces obsessions de la soif, de la faim, de
la fatigue.

Le danger, la gloire, qui s'en occupe?... Pas
moi, je l'avoue, tandis que je soupèse le bidon
déplorablement vide qui pend sur la hanche de
mon ordonnance.

Il fait chaud, il fait soif...

— En avant !

Enfin !... Toute la section se lève à ma voix

et fonce, tête basse, à travers les palmiers nains et les chardons de la pente, vers l'ennemi qui détale...

On vient d'enterrer les quatre goumiers algériens que tuèrent ce matin les Zaërs et que leur reprit ma compagnie sénégalaise. Ils reposent au flanc d'un talus rocailleux, enroulés dans leurs burnous, couchés sur le côté, la face orientée vers la Mecque. Les fossoyeurs — des conducteurs et des tirailleurs de leur race — ont disposé au-dessus de leurs têtes les clayonnages de branches qui doivent garantir de la terre et des cailloux ces pauvres crânes meurtris, et foulé, sous la plante des pieds nus, l'herbe et les pierres qui serviront de toit à leur demeure dernière.

Goumiers et spahis sont venus réciter une sorte de prière infiniment triste et semblable à une lamentation, qu'ils ânonnaient en chœur, à mi-voix, sans se départir de leur gravité farouche. Puis les grands chefs, les officiers, les sous-officiers, les troupiers ont défilé, un par un, devant les quatre tumuli. Puis tout le monde s'en est allé...

Il est six heures du soir. La nuit descend. Assis sur le bord de ma couchette, à l'entrée de ma tente, je regarde s'assombrir les contours de la colline où sont couchés les goumiers algériens. Je réfléchis à la bizarrerie de leur destinée. N'est-elle pas singulière, en vérité, l'aventure de ces hommes que la rumeur d'une guerre prochaine a fait tressaillir dans leurs douars du Sud algérien, qui sont allés aux bureaux arabes réclamer des armes et l'honneur de sabrer pour la France, qui se sont embarqués à destination du Maroc, ont connu la Chaouïa, le Gharb, la région de Fez et de Meknès, le pays zemmour, frappant d'estoc et de taille, combattant avec entrain, tantôt à pied, tantôt à cheval, et sont venus mourir ici, dans ce coin perdu des montagnes zaërs, dans cette gorge où rampent les brumes de plus en plus opaques du crépuscule?

Nomades que travaillait l'appétit du mouvement et de l'équipée, ils ont fini en nomades,

sur la terre étrangère. Et leurs frères qui tout
à l'heure les couchaient dans leurs fosses, leurs
frères semblaient trouver parfaitement normale
cette fin, parfaitement naturelle, la fatalité qui
les avait élus en ce jour et en ce lieu pour les
abattre !... Étrange, en vérité !...

D'ailleurs je me dis que je n'ai pas le droit
de m'étonner : je me rappelle les sourires apitoyés, les hochements de tète dont quelques
Parisiens saluaient l'annonce de mon départ.
A ceux-là ma détermination paraissait tout à
fait insensée, inexplicable. Aussi énigmatique
étais-je pour eux que le sont pour moi les goumiers d'Algérie.

A moi et à mes pareils l'opinion n'est pas
tendre. Nos contemporains, agacés de ne pas
comprendre, crient à la déraison, à la folie
pure. Pour un peu, ils nous feraient enfer-
mer... Je crois les entendre :

— En voilà, qui sont bien bons d'aller se
faire casser les os !... Et pour qui, grands
dieux ? Pour un consortium de banques inter-
nationales.... pour une bande de mercantis

qui ne sont même pas tous Français !... « pour le roi de Prusse !... » Et ceux qui en reviendront, on leur donnera une médaille, et ils seront bien contents... Idiots, va !

La nuit s'est faite... Il n'est pas drôle d'être assis tout seul en face de quatre tombes fraîchement refermées, à remuer des pensées pareilles...

Bah ! qu'importe aux goumiers que les mobiles de leurs actes m'échappent !... Et si mon rêve, celui de mes pairs, apparait dérisoire à certains « ronds-de-cuir » du boulevard Saint-Germain, que m'importe, que nous importe !...

9

XII

— Ramez !

Au commandement du pontonnier, les quatre rameurs plongèrent dans l'eau bourbeuse les pales de leurs avirons, et le bac — une plateforme de planches clouées sur deux barcasses — s'ébranla pesamment. Le courant de la marée descendante nous prit par le travers et, en quelques instants, nous porta au milieu de l'estuaire du Bou-Regreg.

A notre droite, moutonnaient les dunes pelées d'une plage où les tirailleurs algériens avaient dressé leurs tentes et que fermaient les mu-

railles grises et austères, les maisons blanches,
les minarets de Salé, le repaire des corsaires
barbaresques. En face de nous, les volutes sans
cesse écrasées, sans cesse reformées de la barre
et l'océan, — la nappe bleue de l'océan que
gonflaient les croupes luisantes de la houle.

A notre gauche, les falaises de Rabat, rousses
et pourpres, enguirlandées de plantes grim-
pantes, d'arbustes nichés aux fissures de la
roche, de figuiers et de cactus. Elles décrivaient,
le long de la rivière, une courbe que jalonnaient,
de l'ouest à l'est, la tour Hassan, — la sœur de
la Giralda, — dont la masse quadrangulaire et
les ogives mouchetées d'arabesques vétustes
émergeaient de la verdure sombre des oliviers,
— puis les cases du quartier juif, badigeonnées
d'outremer, les cubes du quartier marocain,
peints à la chaux, éclatants dans leurs robes
neuves, les palais des consulats, avec leurs bal-
cons de fer forgé, avec leurs oriflammes multicolores, la casbah des Oudaïa, — une vieille
citadelle crénelée et croulante, aux tons de
brique et d'or, — bastions, meurtrières, màchi-

coulis, tourelles, esplanades, — tout cela noyé de feuillage luxuriant que tachetaient de neige les façades des maisons berbères.

Sur la tour Hassan, sur les falaises, sur les cases bleues et blanches, sur les ruines fauves, sur la mer, sur les dunes de la plage, sur la ville des corsaires le soleil levant épandait sa clarté vivifiante et chaude.

Au fil du courant, des barcasses dérivaient, massives et lentes, et leurs vingt ou trente rameurs chantaient, en manœuvrant, des mélopées plaintives, comme chantait jadis, sous le fouet du comite enturbanné, la chiourme des infidèles enlevés aux côtes d'Espagne et de Provence. — Combien de nos aïeux avaient ainsi peiné, ainsi gémi en chœur, enchaînés aux bancs des chaloupes barbaresques! Combien de nos aïeules, accroupies comme ces femmes arabes, sous les remparts de la casbah, avaient trempé dans l'eau saumâtre les burnous et les gandouras de leurs maîtres!... Et voici que les rôles étaient renversés, que les fils des corsaires, à leur tour, étaient asservis...

Les proues de notre bac touchèrent la vase
et le gravier de la rive. Des coolies marocains
nous prirent à califourchon sur leurs échines,
moi et l'ami qui m'accompagnait, nous dépo-
sèrent sur la terre ferme. Et aussitôt une nuée
de gamins juifs, coiffés du bonnet de soie noire
et vêtus de la lévite noire, se rua sur nous :

— Messié, z'allumettes !

— Messié, savon !... Messié, porter quelque
chose ?...

— Messié, poste française ?... Moi connaître.

Et c'est ainsi, précédés et suivis d'enfants
juifs qui brandissaient en guise de palmes leurs
boîtes d'allumettes et leurs pains de savon, c'est
ainsi que nous franchîmes la poterne par où de
l'oued Bou-Regreg on pénètre en la très sainte
ville de Rabat. C'est ainsi qu'après deux mois
et plus de randonnées à travers le *bled* marocain, d'agitation forcenée, parfois saugrenue,
mon ami et moi nous opérâmes notre entrée,
notre rentrée dans la vie civilisée et normale.

Depuis trois jours que s'était effectué le retour
des colonnes sur la côte et que nous campions

dans la lande de Dar-el-Aroussi, à trois bons kilomètres de Rabat, la tentation ne nous était même pas venue de pousser une pointe jusqu'à la ville. Nous étions trop las, trop harassés, trop exténués, nous éprouvions un trop furieux besoin de dormir et de dormir encore, de ne penser à rien qu'à dormir. Et puis, ce matin, nous sentant bien éveillés, en forme, nous avions décidé cette fugue et, dans notre tente commune, nous nous étions endimanchés, tant bien que mal.

Oh! nous n'étions pas fort élégants et les sentinelles du tabor, tout de rouge costumées, qui gardaient la poterne et, à notre passage, remuaient bruyamment leurs fusils Gras, jetaient, nous semblait-il, sur notre accoutrement des regards ironiques et apitoyés. Le cuir de nos brodequins était éraflé par les chardons et les cailloux de la brousse; le feutre de nos bandes molletières s'ornait de franges; nos culottes étaient constellées de taches, graisse ou chandelle, et de trous médiocrement aveuglés par nos ordonnances sénégalaises; nos vestons de

toile, diablement rétrécis, portaient dans le dos
la marque, imprimée en noir, des courroies
auxquelles avaient été accrochés, la campagne
durant, les étuis de nos jumelles et de nos
revolvers et nos bidons d'eau coupée de tafia ;
la pulpe de nos casques se gondolait déplorablement... Enfin nous n'avions pas de faux col
— et je ne crois pas qu'il y ait, pour des hommes
accoutumés à ce petit cercle de percale empesée,
un sentiment de gêne et de déchéance pire que
celui-là : n'avoir pas de faux col !...

Nous gravîmes une grimpette pavée de petits
galets, passâmes sous l'arche d'une vieille porte,
gravîmes une deuxième grimpette encadrée de
niches obscures où travaillaient des teinturiers
juifs, et nous débouchâmes enfin dans la rue
principale, la rue du commerce et de l'indus-
trie. Un flot désordonné de population, aussi
bigarrée de races que de costumes, y roulait en
tous sens sur la chaussée resserrée, inégale et
trouée de fondrières.

Je me rappelle, je me rappellerai toujours
l'effet que produisirent jadis sur moi, adolescent

récemment débarqué de ma paisible province,
les grands boulevards et l'avenue de l'Opéra. Je
me rappelle l'impression de véritable angoisse,
de saisissement, le désir éperdu de fuir et, plus
encore, l'espèce de honte que je ressentis alors.
J'avais peur de tout ce bruit, de toutes ces
lumières, de toute cette foule qui, j'en étais
persuadé, me dévisageait narquoisement, se
moquait de mes habits et de ma mine, reconnaissait en moi un provincial, « le provincial ».
Il me semblait que chacun de ces passants
ricanait tout bas et me montrait du doigt au
voisin.

Eh bien! dans la rue principale de Rabat, nous
fûmes, mon ami et moi, pareillement ahuris,
consternés, une honte identique nous pénétra.
Nous étions si râpés, si poudreux, si sales, si
laids! Et puis nous glissions, à chaque pas, sur
les galets du pavage, où les clous de nos semelles
faisaient un tapage ridicule. Nos bras habitués
à tenir le sabre ou le bâton qui est, en route,
l'insigne distinctif de l'officier d'infanterie, nos
bras étaient ballants; et nos mains vides, nous

les fourrions gauchement dans nos poches,
comme des tourlourous en bordée.

La cohue, les criailleries des petits juifs qui
galopaient sur nos talons, les appels des cam-
pagnards marocains se hélant à tue-tête, les
tintements des sonnettes agitées par les porteurs
d'eau qui déambulaient sous le faix de leurs
outres gonflées ; les *voceros* des mendiants qui,
au nom d'un saint vénéré, réclamaient des vrais
croyants l'aumône d'une piécette ; les piaille-
ments des femmes accroupies derrière leurs
alignements de galettes jaunâtres et qui jap-
paient de leur voix rauque et rude ; les « balek !
balek ! » que vociféraient à pleine gorge les
âniers, les chameliers et les notables plantés à
califourchon sur les selles de cotonnade rouge
de leurs mules ; les claquements de fouet, les
jurons des conducteurs kabyles juchés sur les
brancards de leurs arabas et se frayant un passage à travers la masse des badauds, — tout ce
remue-ménage et ce tohu-bohu nous étourdis-
saient et nous cassaient la tête.

Nous allions au hasard, décontenancés, ne

9.

sachant que devenir et à quoi nous résoudre, tantôt fendant la presse à grandes enjambées, repoussant du coude les rustres qui ne s'écartaient point assez promptement, tantôt figés devant l'éventaire d'un brocanteur arabe qui, assis à la turque dans sa boutique exiguë, égrenait son chapelet et feignait de ne pas remarquer les deux infidèles. Les verreries bavaroises, les ferblanteries anglaises, les bimbeloteries espagnoles des bazars nous servaient de prétexte à d'interminables stations, complaisamment prolongées, silencieuses, pendant lesquelles nous regardions sans voir, occupés d'une seule pensée : recouvrer le calme et l'équilibre de nos cerveaux abasourdis.

Mon acolyte y parvenait-il? Je n'en sais rien. Pour moi, une joie délirante et tumultueuse m'envahissait, me libérait du trouble qui m'avait obsédé tout d'abord et de la sotte honte qui avait empourpré mes joues. Le soleil, les couleurs vibrantes, les sons prodigieusement divers, au lieu de m'affoler par leur symphonie frénétique, me procuraient maintenant une sorte d'ivresse et m'enchantaient. Je sentais que c'en était fini, des saletés inévitables, des laideurs tristes, des violences qui avaient été, pendant deux mois, notre lot. Une existence moins tourmentée, moins âpre, commençait en ce jour et j'allais, dès cette minute, me replonger dans mon plaisir favori, — fureter parmi l'humanité grouillante, épier les âmes et les gestes qui dénoncent les âmes, guetter les attitudes, jouir par les yeux et les oreilles jusqu'à la satiété, — qui jamais ne serait atteinte : — je rentrais dans mon élément.

Vraiment j'étais excédé, pour ma part, des militaires et des choses militaires. Il me fallait d'autres spectacles enfin que ceux des bivouacs et des colonnes, d'autres rumeurs que les grognements des troupiers et de leurs chefs, que les gargouillements des chameaux, que les sanglots des mulets et les hennissements des étalons. Il me fallait des visages qui ne fussent point durcis par l'effort, la fatigue, l'insomnie et l'angoisse, des manches qui ne fussent point galonnées, des vêtements qui ne répandissent

point une âcre odeur de sueur et de crasse...
J'avais soif de beauté attendrie après les brutales
splendeurs des steppes, de fraîcheur souriante
après les chaleurs accablantes des siestes sous
les abris de toile...

Et voici qu'un appétit d'élégance, tout à
coup, s'emparait de mon ami :

— Si nous nous faisions raser?...

Je fus enthousiasmé de ce projet. Nous nous
mîmes en quête d'un figaro. Il y en avait un, —
un ancien zouave à carrure d'hercule, qui avait
transformé en salon de coiffure la niche d'un
marchand israélite.

— Une taille de cheveux, messieurs?...
Vous voulez que je vous rase ?... Oh!... C'est
un crime, messieurs, de faire couper de si
belles barbes!...

— Ça ne fait rien : coupez!

Rasés de frais, poudrés, parfumés, nous
allâmes bien vite chez un négociant européen
faire emplette de faux cols, de cannes, de
cigares, et nous reprîmes notre promenade.

Dans cette rue étroite où nous avancions à

grand'peine, les échoppes arabes et juives alter-
naient avec des magasins où des commerçants
français, accourus derrière les conquérants, se
hâtaient d'installer, sur des rayons de pitchpin,
leurs épices, leurs boîtes de conserve, leurs
confitures et leurs bouteilles de vin. Nous croi-
sâmes un camarade. Il paraissait, comme nous,
brûlé d'une allégresse fiévreuse. Il nous jeta :

— Allez plus loin! il y a un café!

Il y avait un café, avec des guéridons de
tôle, des chaises de bois verni disposées en
bon ordre sur une terrasse cimentée. Un
garçon en courte veste de lustrine vint se
planter devant nous, avec cette politesse mépri-
sante qui est l'apanage de ses congénères dans
la métropole, et lança vers le comptoir où trô-
nait une matrone impassible et replète un appel :
« Deux quinquinas! » qui nous ravit.

Les jambes croisées, renversés sur nos
chaises, nous bûmes nos quinquinas et nous
dégustâmes le farniente exquis, et l'ombre violette de la rue où passaient et repassaient les
porteurs d'eau agitant leurs sonnettes de cuivre.

Une petite dame, moulée par sa jupe de tussor gris perle qui laissait à découvert des chevilles fort bien tournées en des bas de soie à jours, — une Française blonde et menue qui faisait tranquillement son marché suivie d'un fox-terrier pimpant et d'un petit domestique marocain, — esquissa un sourire à la vue de nos faces épanouies...

Et nous connûmes que nous étions réinstallés dans le domaine de la civilisation.

XIII

CHROMOLITHOGRAPHIES

Maintenant que nos chefs nous ont ramenés à la côte, maintenant que l'immobilité, la stabilité enfin reconquises, pour si peu de jours que ce soit, nous permettent la réflexion et le souvenir, il me semble que j'ai dans le cerveau un album de chromolithographies violemment enluminées et dont les feuillets déroulent sans fin leurs bigarrures éclatantes. J'ai dans les yeux toute cette lumière qui m'a ébloui sur les pistes du Maroc, tout cet aveuglant soleil qui était épandu sur les orges et les blés, sur les lentes ondulations des plateaux arides et calcinés,

sur les crêtes des montagnes désolées, toute
cette fantasmagorie des cohues militaires lâchées
à travers le *bled* chérifien, cavaliers et fantassins, Français, Arabes, Kabyles, Sénégalais,
marchant la route avec leurs batteries, leurs
mitrailleuses, leurs convois, leurs chameaux,
leurs ânes, leurs mulets, leurs charrettes, tout
ce grouillement des bivouacs... Dans mes
oreilles bourdonnent encore les rumeurs des
campements et des colonnes ; mes muscles sont
encore las et mes os rompus des étapes épui-
santes et, sur ma nuque, j'ai gardé la brûlure
du sirocco...

Et je ne puis penser à autre chose qu'à ces
mois de vie ardente, insensée, brutale et pourtant merveilleuse. Je m'insurge contre cet
afflux tumultueux et tourbillonnant. Je m'efforce
de m'évader vers des images moins rudes, vers
des visions apaisantes, reposantes et fraîches ;
je me voudrais hanté d'autres rêves, qui seraient
tout douceur, tout sourire et tout tendresse.
En vain ! Il n'y a place dans mon cerveau que
pour l'énorme et fantastique album et ses pages

défilent devant ma mémoire surmenée, — aux glapissements des clarinettes, aux grognements des chameaux, aux ronflements stridents des balles, au fracas des fanfares...

La crête d'une dune lointaine, tachetée de palmiers nains, à Moulay-Idriss-Aguebal. Il est midi. Du zénith incandescent il pleut de la lumière blanc et or, une lumière implacable, infinie. L'air brûle et tremble au ras du sol surchauffé. Au flanc de la dune, le vert olive luisant des palmiers nains, le roux ocreux de la terre. Sur la crête, un chameau immobile qui s'éternise dans sa contemplation du steppe. Son échine bossue s'enlève vigoureusement contre l'azur cruel de l'horizon. Il reste planté là, figé, sans un frémissement de ses jambes cagneuses, de son cou en forme d'anse.

A Sidi-Abdallah. Un bois de térébinthes centenaires où nous nous sommes entassés pour la grand'halte. L'ombre des feuilles glauques baigne de sa douceur incomparable nos membres courbatus et nos crânes rôtis. Nous sommes adossés aux troncs couturés et tordus et nous regardons, à la lisière de notre oasis, dévaler en pente douce vers l'oued Beht et ses lauriers-roses l'aire calcinée et miroitante où scintillent comme des pierreries les parcelles de silex. Un peloton de spahis s'avance, au pas sautillant de ses étalons. Sur le fond vert sombre et feu de l'Atlas, sur le ciel flambant, azur et or, les splendides cavaliers se détachent avec un relief surprenant. Le bistre de leurs visages, le blanc cru des cotonnades qui flottent autour de leurs cous décharnés, la pourpre de leurs manteaux, le vermillon de leurs bottes, l'acier de leurs étriers et de leurs éperons, toutes ces couleurs qui donneraient au cortège, dans la grisaille de nos brumes européennes, la physionomie d'une mascarade, se fondent et s'harmonisent et chantent sans dissonances et sans heurts.

A Daïat-er-Roumi. Un coin de beauté inattendue et de calme, un peu de poésie dans cette

terre de plate monotonie ou de chaos sévère.
Un lac cerné de montagnes qui mirent dans
ses eaux immobiles les broussailles de leurs
contreforts escarpés et les dentelures de leurs
cimes. Le soir vient, un de ces soirs comme
pétrifiés que n'agite nul souffle et que n'altère
nulle clameur, que ne peuplent nuls cris d'oiseaux. L'ambiance nous a pénétrés de son
mystère et de sa paix ; le silence accable notre
bivouac, sur les collines où nous campons. A
peine, par intervalles, un gargouillement de
chameau ou un soupir de clarinette. Le soleil
a disparu derrière l'horizon, parmi des nuages
de sang, de safran, de cobalt, d'indigo, qui
déjà pâlissent. Devant ma tente, des vedettes
ont poussé un troupeau de nomades, une quinzaine d'êtres humains, des vieillards, des
femmes, des enfants, qui se pressent les uns
contre les autres, effrayés, balbutiant d'inintelligibles syllabes. Des sortes de serpillières,
des lambeaux d'étoffes qui ont les tons et l'apparence de l'amadou, vêtent tant bien que mal
ces misérables. Ils ne savent pas ce que l'on

réclame d'eux, pauvres gens qui n'ont commis
nulle action répréhensible et qui cependant
redoutent la mort. Ils frissonnent, épaule
contre épaule, mains jointes et murmurants, au
pied du tertre stérile où s'élève ma tente, sous
le firmament où s'allument les premières
étoiles...

Sur la plage de Rabat, par une nuit de
pleine lune... Pour obéir à la tradition millé-
naire, — et parce que les cœurs de ces enfants
sauvages débordent de la même ivresse qui,
par les nuits de lumière pâle et de sécurité,
embrasait les veines de leurs ancêtres, les
anthropoïdes des sylves africaines, — nos Sénégalais dansent en rond, avec des clameurs
frénétiques. Ils ont formé un vaste cercle de
choristes et, debout, à moitié nus et trépignant
en cadence, ils accompagnent de leurs chants
et du claquement rythmé de leurs paumes les
gambades et les pirouettes du camarade qui
bondit au milieu d'eux. Les peaux noires s'ar-
gentent et reluisent, les têtes crépues s'enfon-

cent entre les épaules comme pour éviter la
lame sifflante du sabre ennemi, ou se renver-
sent, les cous tendus, les yeux blancs, les dents
étincelantes, les lèvres retroussées par le rire
d'extase et tordues par les spasmes du délire
atavique. Un géant s'est élancé, le coupe-coupe
au poing ; il saute à pieds joints, court à perdre
haleine et menace de son couteau formidable
les ventres tressaillants des choristes, il se
casse en deux pour frapper le vaincu imagi-
naire qui râle à ses pieds. Un autre lui suc-
cède, puis un autre, et les contorsions démo-
niaques des ombres noires se font de plus en
plus rapides, de plus en plus furieuses, jusqu'à
ce que l'épuisement terrasse chanteurs et dan-
seurs et que seule résonne encore la romance
nasillarde, plaintive et puérile que piaule un
gigantesque Soussou accroupi devant la tente
de son officier.

Le glacis de Guelta-Elfila que le soleil incendie, rutilant de tous ses grains de sable et
de tous ses cailloux pointus, dans l'or fauve

des chaumes ras. Nous sommes en position,
depuis deux heures, sur une colline abrupte;
les Zaërs sont à six cents mètres de notre ligne,
derrière des murettes de pierres sèches et derrière des arêtes de mamelons pelés. Nous tirail-
lons mollement, plus occupés de la chaleur
suffocante que de l'ennemi. Je fouille de ma
jumelle les pentes tourmentées et hachées de
ravines qui nous séparent des Marocains. Un
cheval harnaché et sellé, de robe gris truité,
broute l'herbe d'un champ à égale distance des
deux partis. C'est probablement la monture
d'un des quatre goumiers qui, au début de
l'affaire, ont été surpris et tués par les gens
des tribus : la pauvre bête est restée là et
broute, en attendant que se décide à se remettre
en selle le cavalier gisant parmi les orges. Tout
à coup une silhouette humaine se dresse auprès du cheval, l'examine, le palpe du sabot à
l'encolure, minutieusement, sans hâte, comme
dans la stalle d'une écurie.

— Pas tirer! crie mon sergent sénégalais;
ça y en a goumier.

J'aperçois en effet le cordonnet de coton
rouge qui ceint le turban de l'homme et l'espèce de cache-poussière en satinette gris
perle qu'affectionnent les irréguliers algériens.
Comme par enchantement, les balles cessent
de cingler les roches à nos pieds : le feu de
tous les fantassins Zaërs est concentré sur le
brave qui, à trois cents mètres de leurs abris,
poursuit son examen. Finalement, il fait demi-
tour, revient dans notre direction, abandonnant
la bête qui doit avoir reçu quelque blessure
inguérissable et rapportant le harnachement
sur ses épaules. Il marche tranquillement, sans
se défiler, au pas traînant et lourd du soldat en
corvée. Les Sénégalais à genoux derrière les
jujubiers, apercevant cet homme qui se pro-
mène sous les balles, poussent des grognements
approbatifs et, retournés vers moi, riant de
toutes leurs splendides dentures et de toutes
leurs babines retroussées, paraissent me prendre à témoin de cette magnifique folie.

Sur la piste d'Ali-ou-Mraa que suit notre

colonne, étirée dans une gorge étroite et nue.
Le soleil implacable roussit les touffes de palmiers nains et poudre d'or en fusion les roches
rouges.

Le silence des journées de grande chaleur
étreint la masse d'hommes qui serpente le
long du sentier. Sur les hauteurs qui roulent
vers la vallée où nous rampons leur houle de
croupes arrondies, nos vedettes surveillent la
plaine d'où nous avons grimpé ici et où flambent les moissons des rebelles. L'ennemi demeure invisible, caché dans les falaises du
Tafoudeit où les douars ont rassemblé leurs
tentes et leur bétail.

Seul, un vieux Marocain, assis sur la pointe
extrême d'une saillie rocheuse et le fusil couché
en travers des genoux, assiste à notre défilé.
On ne voit de lui, dans les plis du burnous
crasseux, que la figure osseuse et ratatinée, la
barbiche blanche, les yeux ternis et durs. Il
regarde s'écouler cette cohorte d'infidèles qui,
les premiers, foulent de leurs semelles la terre
de son *bled*. Il regarde, impassible et muet,

sans un rictus, sans une grimace d'étonnement ou de douleur.

A Rabat. Onze heures du matin. La poudrière du fort Rottenburg vient de sauter, à vingt mètres de notre bivouac. J'écrivais sous ma tente : j'ai été renversé brutalement, poussé par terre, et ma table et ma tente se sont écroulées sur moi. Il me semble que je n'ai pas entendu le bruit de l'explosion : je n'ai gardé le souvenir que d'une flamme aveuglante et puis de la nuit qui a succédé, nuit opaque, ténèbres d'angoisse abominable et animale qui se dissipaient lentement, tandis que crépitaient les chocs innombrables et mous de la pierraille et des moellons retombant du ciel sur le sol.

J'ai rampé, je me suis redressé sain et sauf dans la lumière éclatante du jour et j'ai couru vers le fort. Mes chefs, mes camarades, des sous-officiers, des soldats, des tirailleurs se ruaient, noirs de poudre et de poussière. Des morts étaient couchés sur le talus de la poudrière, dans les fossés de la forteresse, nus,

10

grillés, déchiquetés, hideux... Et l'un de mes
camarades, l'officier commandant ma compagnie, se souvenait qu'un tirailleur était en sentinelle sur la contrescarpe du front sud : nous
nous précipitons et nous le trouvons, — un
Bambara superbe, — qui fait très correctement,
à l'allure réglementaire et l'arme sur l'épaule,
les cent pas au bord du trou béant que les gaz
ont ouvert.

— Tu n'es pas blessé?... tu n'as rien?...

Le Sénégalais s'est mis au « garde à vous »,
irréprochablement, la main gauche allongée
sur le fourreau de la baïonnette, le regard fixe.
Il répond, suivant la formule enseignée par les
gradés :

— Rien de nouveau.

Le souffle l'a jeté en bas de la contrescarpe;
il s'est relevé, a ramassé son fusil, a repris sa
faction : — *la consigne n'avait pas changé.*

Et cent autres scènes qui s'offrent les unes
après les autres, cent autres lambeaux de pay-
sages, cent autres attitudes, enregistrées à mon

insu et qui m'obsèdent... Une vieille Juive qui
pleure devant la porte close d'une masure bleue,
dans une ruelle de Meknès, et qui dénoue d'un
geste désespéré sa chevelure d'argent; des bouquets de palmiers au fond d'un ravin qui sent
la vase et le musc; des tirailleurs algériens
chassant à coups de matraque les chèvres
razziées aux pasteurs zemmours; des caïds
accroupis devant les tentes des officiers inter-
prètes et attendant flegmatiquement les arrêts
de leurs nouveaux maîtres; des convoyeurs
kabyles achevant un chameau qui râle; un
adolescent zaër tué par une balle française,
que ses compatriotes n'ont pu emporter et qui
demeure étendu dans les orges, tout nu, l'épiderme blanchi par la mort et le soleil...

Je voudrais, je voudrais que mes souvenirs
fissent moins de bruit sous mon pauvre crâne.
Je voudrais dormir et que l'oubli total et défi-
nitif me vînt durant mon sommeil.

XIV

NOUS AUTRES

Je me demande sous quel aspect les citadins de France se représentent les conquérants du Maroc. Je suppose qu'ils les imaginent chamarrés d'or scintillant, bottés de cuir verni, élégamment poudrés de poussière plutôt que poudreux, franchissant, le glaive haut et la bouche souriante, au chant de la *Marseillaise*, aux glapissements des muezzins, aux « youyou! » délirants des femmes, le seuil des cités délivrées. Des palmiers classiquement inclinés, comme on en voit au Salon des Orientalistes, des orangers constellés de sphères d'or, des citronniers,

des grenadiers fleuris de gouttelettes de sang,
enveloppent de leur ombre suave les routes où
chevauchent ces héros de bon ton, où ils « font
du *footing* », joyeusement et facilement. Au
terme de l'étape, des tentes de toile immaculée
abritent leurs siestes légères, leurs ris et leurs
jeux, et sous ces tentes, au crépuscule, se glis-
sent des houris envoyées par le sultan Moulaï
Hafid...

Voilà ce que nous ne sommes pas, oh ! non,
soldats d'une époque pratique, industrielle et
sans grâce. A notre laideur triste, aux loques
rapiécées, tachées de graisse, qui nous vêtent,
à nos masques crispés par la fatigue et par
l' « énervement », souillés par la sueur et par
la boue, à nos bivouacs empestés, aux misères
de notre guerre moderne il faudrait, pour les
restituer dans leur stricte et vilaine vérité, la
plume d'un Callot.

Certes, certes nous ne sommes pas jolis à
contempler ! La merveilleuse lumière du Maroc,
cette lumière vivifiante et divine, peut seule
donner le change et transformer, aux yeux de

l'artiste, notre pouillerie ambulante en quelque triomphal cortège de reîtres et de lansquenets avantageusement bigarrés. Bénie soit-elle, cette lumière qui, mieux que les récompenses bien rares, mieux que les allocutions réconfortantes, elles-mêmes peu habituelles, put déguiser aux figurants du cortège la cruelle hideur de leur rude besogne, embellir de son prestige les haillons et les plaies, enchanter de sa splendeur les yeux las et les cœurs découragés !

Nous ne sommes pas jolis physiquement. Moralement, le sommes-nous davantage ? Mon Dieu, pas plus ni moins que nos contemporains du boulevard ou de la province.

Et je trouve, moi qui ai le culte fanatique de la sincérité, je trouve que nous avons au moins le mérite de la franchise : jolis ou non, nous sommes ce que nous sommes avec une franchise éperdue.

La guerre a fait ce miracle de mettre en évidence les reliefs véritables et les véritables ombres de nos caractères. Elle a frotté rudement les onguents et les crèmes dont nous

avions fardé nos faces. Je me vois, je vois mes
chefs et mes camarades tels que nous sommes,
en pleine clarté, l'âme nue, tout autres que les
fonctionnaires galonnés qui exécutaient dans
les garnisons de France et d'ailleurs les rites
professionnels. La fatigue est venue et nul ne se
contraint plus, ne pose plus, ne feint plus. On
est forcément ce que l'on est; on l'est brutalement, frénétiquement... Et ce diable de soleil
marocain baigne de sa lumière crue les coins
et les recoins de notre « jardin secret ».

Tels hommes qui, en temps normal, étaient
ce que les troupiers — presque infaillibles dans
leurs diagnostics — appellent des « foudres de
caserne », ces redoutables machines à moudre
des punitions, — arrêts, salle de police et
prison, — ces agités que leur foyer ennuyait
et qui trompaient leur ennui en assommant de
tout leur pouvoir, dans le délai minimum, le
nombre maximum de leurs subordonnés, —
ces « foudres de caserne » se révèlent en campagne ce qu'ils sont réellement : de pauvres

diables impulsifs et inutiles, sinon dangereux.
Leur activité fébrile n'était qu'une manifesta-
tion de leur inaptitude : ils étaient incapables
de s'attacher sérieusement à quelque besogne
et de la mener à bien ; leur zèle n'était qu'un
moyen de tuer le temps. En campagne, où les
rôles sont définis, les tâches délimitées, les buts
précis, ces malheureux voltigent comme des
hannetons d'un rouage à l'autre, s'efforcent de
démontrer à celui-ci la façon de mieux s'em-
ployer, de convaincre celui-là qu'eux-mêmes,
pourvus de sa fonction, agiraient selon d'autres
méthodes, — rembarrés, d'ailleurs, éconduits,
bousculés, rudoyés même et laissant leurs
supérieurs hiérarchiques stupéfaits de leur nul-
lité patente et qui, jusqu'à ce jour, n'avait pas
éclaté.

Tels autres, ceux qui, en France ou en
Algérie, imposaient par la raideur « distante »
de leur attitude, par leur implacable froideur,
par leur intransigeante et absolue sévérité, par
leur inexorable coutume d'appliquer à tous et

en tout temps les termes stricts des règlements,
ceux qui apparaissaient sans entrailles et sans
oreilles, ceux que les esprits peu avertis véné·
raient comme des statues vivantes du Devoir,
ceux qui jamais ne laissaient échapper de leurs
lèvres cousues un mot de bonté ou d'émotion,
ceux-là, on les voit déchoir aussi. Leur impuissance au commandement s'étale. Ils ne savent
pas commander, ils ne peuvent pas savoir!
L'axiome devient évident, que l'on avait perdu de
vue dans l'inaction et l'illusion de la paix, qu'il
ne suffit pas, pour être un meneur d'hommes,
de cambrer l'échine, de réunir les talons et de
japper, sur un ton rogue et coupant, les paroles
sacramentelles de la « théorie ». Il ne suffit pas,
pour être un chef, de posséder intégralement
le texte des Décrets et d'en appliquer mécani-
quement la lettre aveugle. Ces malheureux
découronnés ont vraiment aujourd'hui un air
de détresse. Ils ne comprennent plus rien à
rien. Personne ne les redoute plus. Quelqu'un,
un de leurs capitaines, a substitué son autorité
à la leur et ils suivent leur bataillon au lieu

que leur bataillon les suive. Et pourtant rien
n'a varié dans l'héroïsme de leur posture ni
dans la brusquerie de leur intonation. Alors?...
alors?... Que se passe-t-il donc ?... Il se passe
que la guerre et la paix armée sont deux
choses très différentes, et qu'ils ne soupçonnent
pas, eux, cette vérité première.

Ceux-là sont pitoyables. D'autres sont
comiques. X...., par exemple, à qui je ne puis
songer sans rire un peu méchamment : un bon
petit bonhomme de capitaine qui, dans les ports
où je l'avais rencontré, ne faisait pas plus mauvaise figure qu'un autre, ma foi! Il était correct, ponctuel, venait à l'heure dite signer ses
pièces, enfourchait, au moment voulu, son
cheval pour conduire sa compagnie à la manœuvre, donnait l'idée d'un fonctionnaire
modèle, bon instructeur de sa troupe, bon
comptable des deniers de l'État, bon citoyen,
bon père et bon époux. Arrive la campagne du
Maroc : mon homme n'est plus reconnaissable,
tant il est affolé, ahuri! On l'a sorti de sa rou-

tine et de son ornière, on a exigé de lui des
initiatives et une énergie que n'exigeaient
aucunement ses rites immuables. C'était, au
fond, un bureaucrate en plein air, si j'ose dire :
on lui a changé son papier, ses plumes et son
buvard ; il ne s'y reconnaît plus.

Z..., lui, est un « bourgeois », au sens péjo-
ratif du mot. Il a dans notre armée de trop
nombreux similaires : il faudra bien se décider
à s'en apercevoir et aviser. On a voulu que
l'officier vécût de la vie de la nation, ne fît plus
partie d'un clan fermé, on lui a ôté son
« panache », on a souhaité qu'il eût sur toutes
choses l'opinion moyenne de la moyenne de
ses compatriotes. Cet être rabougri et positif
juge son métier avec les yeux désenchantés
qu'un « rond-de-cuir » laisse errer sur ses
paperasses. Il est ennemi des efforts exagérés
qu'il juge hors de proportion avec sa maigre
solde et veut, suivant une abominable formule,
en donner à l'État « pour son argent ». Z... a
cette opinion : « L'État réclame de moi plus

que son dû. » On lui impose des fatigues inouïes, des labeurs écrasants, des dangers absurdes : il n'est pas content, et il le proclame. Il geint sans trêve, à propos de tout. Il pleure sa famille absente, les caresses de son épouse et de sa progéniture et, plus que le reste, il pleure ses pantoufles. — Z... est l'exception, mais il y a encore trop de Z... ou de gens analogues.

Il n'existe pas seulement parmi nous — c'est heureux ! — des brutes impuissantes, des fantoches incapables et des bourgeois pleurards. La grande majorité est d'une autre trempe. Je ne puis trouver, pour incarner exactement le type de notre officier subalterne, — celui qui depuis des siècles, à travers tous les champs de bataille du monde, a préparé les succès de ses chefs et « procuré » leur gloire, — je ne puis trouver mieux que le lieutenant T..., mon camarade et ami.

C'est un petit homme sec et brun, trapu et râblé, pas bien élégant ni bien séduisant dans son « complet » de toile kaki, mais solide, infa-

tigable, donnant une impression de force tranquille et aisée, un homme de bon sens et d'intelligence claire, de jugement droit, de conscience lucide, de caractère ferme, d'équilibre
stable et assuré comme le veut le génie de la
race. Rien ne le rebute, ni la scandaleuse len-
teur de son avancement, ni l'arrogance de certains supérieurs grisés par leur propre réussite,
ni l'inquiétude des besognes multiples qui lui
incombent en route ou au bivouac, ni les mille
tracas et les mille soucis que lui valent ses subordonnés, abrutis ou « énervés » par l'épuisement. Il possède l'art — et j'insiste là-dessus,
car c'est la caractéristique, à mon avis, de notre
officier de troupe — il possède l'art de commander et de guider chacun de ses soldats, européens ou indigènes, selon la formule que né-
cessite le tempérament de chacun. Il connaît à
fond son petit monde et en tire le meilleur
parti.

Il n'est plus très jeune : — la crise de l'avancement ! — Il n'est plus très enthousiaste : —
sur quoi porteraient ses enthousiasmes ? — Il

ne se fait aucune illusion sur les honneurs que
lui procurera cette campagne, mais il a pour lui
l'équilibre atavique de ses facultés, avec la notion très élevée, qui lui est naturellement
propre, de ses devoirs professionnels. Il marche
donc la route, son bâton à la main, sans se
plaindre, sans se départir de son calme et sans
quitter de l'œil sa section, — les traînards qu'il
faut réconforter d'un mot cordial ou d'une
apostrophe véhémente, suivant les circonstances
ou l'humeur spéciale du coupable, les bons
marcheurs qu'il faut encourager d'un sourire,
les mauvaises têtes dont il faut tarir à temps le
verbiage pernicieux. — Des gens comme mon
ami T..., il en est mort des milliers, obscuré-
ment et dignement, pour glorifier les généraux
du Roi, de l'Empereur et de la République.
Leurs noms sont ensevelis dans l'oubli. Le nom
de mon ami ne volera jamais sur les lèvres de
la foule. Et pourtant les victoires d'hier et de
demain, c'est lui qui les a remportées et les
remportera.

L... est un aventurier. Il en reste quelques-
uns, mais l'époque ne se prête guère à l'épa-
nouissement de leurs facultés exceptionnelles.
Les vrais aventuriers, les gentilshommes de
fortune, ne sont plus sous les drapeaux, parce
que ceux-ci flottent trop sagement dans l'air
pacifique : ils sont *globe-trotters*, chercheurs
d'or, ils sont sous les arcades de la Bourse.
L... est le dernier à s'imaginer que, le glaive au
flanc, on puisse rencontrer le risque.

C'est un cavalier, un sabreur, avec un profil
d'oiseau de proie, un cuir basané, tanné, un
regard brûlant, aigu. Son âme violente éclate
dans ses yeux, quoi qu'il fasse pour la dissimuler sous des apparences de correct officier.

Au fond, la campagne actuelle le distrait mais
ne le comble pas. Il trompe sa faim d'inattendu
et d'impossible : il ne la satisfait nullement.
Trop d'entraves, trop de lisières, trop d'apparat
et de « protocole » l'entourent et le gênent. Il
lui faudrait, pour y lancer sa tribu de centaures
guerriers, les larges espaces du Soudan. J'aime-
rais l'y voir découplé, courant la grosse bête.

Ici je n'ai fait que l'entrevoir et cela m'a suffi
pour juger qu'il était hors de son siècle. C'est
un homme, pourtant.

G..., lui, est le type du « chef » selon la formule française. Son grade importe peu : capitaine, commandant, colonel, général, il reste et
restera toujours identique à lui-même. Sa manière de conduire les hommes ne variera jamais.
Il nous mène comme nous aimons qu'on nous
mène.

Nous ne sommes pas taillés ni éduqués pour
nous plier à la discipline prussienne : les rigueurs géométriques des règlements, au lieu
de nous épouvanter, nous irritent et nous
butent ; on ne peut rien obtenir de nous par la
menace. Celui qui émeut nos cœurs, en même
temps qu'il s'impose à notre respect, celui-là
seul tire de nous le meilleur rendement.

G... à sa valeur indéniable et reconnue de
tous joint une irrésistible force de séduction :
il semble qu'il soit particulièrement facile,
agréable même, d'obéir à ses ordres, toujours

catégoriques et nets, mais donnés si aimablement! Le Français, fils de l'impressionnable Gaulois, est toujours sensible au ton de la chanson.

On croirait volontiers que cet art d'entraîner ses inférieurs, tout de forme et d'attitude, est à la portée des esprits les plus médiocres. Oui, peut-être, à condition qu'il s'y ajoute un caractère non médiocre, le caractère qui fait dire aux soldats, parlant de leur officier : « C'est un homme ! » qui nous fait dire de G... : « C'est un homme ! »

Pour conserver, malgré les fatigues effroyables de la campagne, parmi les tâches qu'il doit accomplir coûte que coûte, avec les responsabilités sans cesse renouvelées, aggravées, dont la charge ne cesse de peser sur ses épaules, pour conserver, à l'égard de tous, cette maîtrise de soi-même et cette affabilité dont il s'est fait une règle absolue, il faut à G... une prodigieuse force de caractère. Il y parvient, sans aucune peine visible, et l'ascendant qu'il exerce sur sa troupe s'accroît de la bonne grâce avec laquelle il semble se jouer de la difficulté ou de la lassitude. Comment ne pas bomber la poitrine et ne pas tendre le jarret, ne pas affecter de paraître indifférent aux insomnies et aux siroccos, lorsque ce chef se propose lui-même, avec tant de dignité, avec un sourire si fier sous ses moustaches de brenn, en exemple d'entrain et de bonne humeur ?

La bonne humeur, bien peu d'entre nous l'ont gardée. La conquête du Maroc se fait moins avec notre sang qu'avec notre sueur ; nos muscles et nos nerfs sont mis à rude épreuve : nous ne sommes pas bien gais. Nous sommes hargneux, grognons, vite exaspérés pour un mot ou pour un geste. Volontiers chacun battrait son prochain ou l'injurierait, sans motif, sans excuse autre que le désarroi où les privations et le soleil ont jeté ses idées, que la misère de sa guenille usée, fourbue. Malgré tout, vu de près, étudié sans parti pris, l'ensemble donne l'assurance d'une valeur indiscutable.

Les coups de force, les actions à grand tapage

ont manqué à cette campagne. Le pays, averti
par la presse que, si nous livrions des combats,
ils seraient sans importance, a détourné de nous
son attention ; il ne saura pas quel formidable
effort le corps expéditionnaire a fourni, quelles
étapes, au prix de quelles souffrances, de quelles
détresses. Il ne saura pas quelle haute idée il
devrait avoir des troupes et des chefs auxquels
il avait confié cette mission et, l'expérience
faite, quelle leçon il en devrait tirer de confiance
joyeuse et d'espoir illimité.

XV

LE SOLDAT FRANÇAIS

Je n'avais nulle idée, avant ma venue au Maroc, de ce que pouvait valoir le troupier de France, — j'entends le soldat de deux ans, l'appelé, que la loi sur le service obligatoire a seule conduit sous les drapeaux, et non l'amour des aventures ou la vocation. — Mon métier d'officier colonial ne m'avait mis en contact qu'avec nos « Barnavaux », — militaires de profession, — et des tirailleurs d'Indo-Chine, — Annamites, Cambodgiens et Tonkinois. — Les exceptions m'étaient connues et je n'ai pas à dire ici quelle enthousiaste affection je leur ai vouée ; j'ignorais la règle, — l'être même dont les pareils, sur les champs de bataille de l'avenir, seront l'immense majorité.

Cet être-là, je l'ai vu ici. Le plus souvent, c'est un gamin de vingt-deux ans, court de taille et râblé. Il serait joufflu et rose, mais le soleil et les privations de toute sorte ont fondu la chair et tanné le cuir de son visage, et lui donneraient l'air très vieux d'un grognard quatre fois rengagé, n'étaient les flammes vives des yeux enfantins et le sourire ingénu que ces yeux n'ont pas perdu l'habitude d'adresser à la vie. On y lit, dans ces prunelles puériles, les caractéristiques indélébiles de la race : l'honnêteté, la loyauté, la simplicité, la confiance paisible en soi-même, l'intelligence alerte, ou, plus exactement, le bon sens toujours averti de l'équilibre nécessaire et de la solution pratique. Le pli narquois de la bouche et le nez quelque peu retroussé dénoncent la fantaisie et l'ironie secrètes, toujours prêtes à jaillir en fusées imprévues et parfois déconcertantes.

Il a fait merveille, celui-là, au Maroc, où ses

11.

deux qualités maîtresses, la bravoure et le dévouement, ont pu être utilisées jusqu'à leur
limite la plus extrême.

La bravoure! c'est une plante que la terre de
France a toujours fait éclore avec une insou-
ciante prodigalité, sans nul engrais, sponta-
nément, comme éclosent, dans les steppes des
Landes, les bruyères et les genets, ou, dans les
prés de la Chaouïa, les coquelicots et les marguerites. Le Franc, le Celte et le Gaulois
étaient braves : leurs fils sont braves, tout
naturellement et, si j'ose dire, inévitablement.
Et nous trouvons normale, tout simplement,
l'audace de nos chasseurs d'Afrique poussant à
fond leur charge enragée de Dar-el-Aroussi et
le calme de nos fantassins imberbes, vérifiant
avec minutie leur hausse et couchant en joue
méthodiquement leurs cibles mouvantes, sous
la grêle des balles marocaines.

Notre soldat est brave : bon! affaire enten-
due et classée. Nous ne nous étonnons plus et
notre admiration est, si j'ose dire, ordinaire et
reléguée, une fois pour toutes, au rang des

accessoires indispensables et dont, à force de s'en servir, on ne s'occupe plus.

Aussi bien notre soldat n'est pas seulement brave, il est « crâne », et voilà qui nous met en joie. La bravoure est une vertu, quelque chose d'un peu austère et de plutôt grave et qui ne prête point à rire. Et nous aimons à rire, nous, Français, incorrigibles gavroches. La crânerie de notre troupier est là pour satisfaire ce goût irrésistible de la gaieté. Elle est, dans ce drame brutal d'une guerre, l'élément de fantaisie et de grâce qui embellit la pénible tâche et en déguise la laideur. Képis sur l'oreille de nos légendaires « Dumanets », badines tournoyant aux doigts de nos tourlourous, romances égrillardes jetées comme autant de « blagueuses » provocations aux fatigues des longues marches et aux pudeurs exagérées de notre chaste Joseph Prudhomme, gaillardises dédiées aux accortes soubrettes en chaque auberge du gîte, vous nous demeurez, quoi qu'en aient les grincheux, infiniment chères ! Vous êtes les pulsations tangibles du cœur robuste où bouillonne le sang de la race. Le sourire moqueur est toujours le signe familier de la générosité nationale. C'est la crânerie atavique, aux jours d'épreuve, qui s'épanouit en magnifiques floraisons.

Qu'elle m'est apparue jolie, dans cette campagne, la crânerie de notre soldat! Que de réflexions goguenardes ripostaient aux ronflements des balles! Que de lazzi curieusement inattendus et parfois héroïques partaient des cacolets où les blessés se cramponnaient de toutes leurs forces défaillantes, pâlis déjà et grimaçant de douleur, mais soucieux de plastronner encore et de « crâner » devant la galerie des « copains » indemnes! Que de mots railleurs ont précédé, sur les lèvres exsangues, les soupirs haletants de l'agonie!... Jeunes « marsouins » de Lalla-Ito et de l'oued Mikkès, chasseurs de Dar-el-Aroussi, vous êtes les dignes cadets des insolents cavaliers qu'entraînait superbement avec lui le général Margueritte! Et durant la route, pendant les terribles randonnées où se déclarent le véritable courage et le moral vraiment supérieur, dans le concert des grognements et des râles, que de défis lancés par les voix rauques aux misères du moment, — couplets de « scies » montmartroises, invocations comiques aux terrasses ombreuses des guinguettes parisiennes, injures plaisantes fouaillant le camarade éclopé !... Crânerie, crânerie du pioupiou français !

Mais, bien plus que la crânerie de nos subordonnés, leur dévouement est digne d'éloges. Ils ont la passion, la frénésie du dévouement. Et ce dévouement est réfléchi : ce n'est point l'aveugle dévotion de l'esclave ; c'est l'élan volontaire de l'homme libre qui entend, qui veut donner son effort, sa personne et sa vie à sa besogne et à ses chefs.

Les victoires allemandes avaient eu pour premier effet l'introduction dans nos manuels des méthodes allemandes. Les vaincus, hypnotisés par leur défaite qu'ils ne s'avisaient point d'attribuer à leur propre impéritie et à leurs discordes, empruntèrent au vainqueur ses règlements, ses coutumes, ses manies, ses tics. On essaya de nous imposer la discipline

prussienne, toute de rites, de morgue et de raideur : bonne pour des brutes passives, pour
des automates, elle parut bonne pour nous,
pour nous qui avons soif de comprendre, qui
n'acceptons pas volontiers sans avoir compris !
Des années durant, cette paradoxale erreur fut
à l'ordre du jour : il y eut des froissements,
des heurts, des conflits aigus. Et puis le bon
sens héréditaire fit justice de cette pesante
mécanique. Et l'on nous dit aujourd'hui :
« Vous ferez ceci ou cela, non point parce que
tel est mon bon plaisir, mais parce que la
raison, par ma voix, vous le commande. » Et
nous obéissons. Et quand avec l'évidente
nécessité conspire l'affection pour le supérieur
qui a parlé, notre obéissance devient du fana-
tisme : nous n'obéissons plus, nous nous
dévouons corps et âme.

Le dévouement allègre !... le dévouement
intelligent !... Que d'exemples m'en ont sauté
aux yeux, et non dix ou vingt fois, par hasard,
mais cent fois, mille fois, mais à chaque
heure, à chaque minute de notre course à tra-

vers le Maroc! Artilleurs chargeant sur leurs
épaules les affûts, les roues et les coffres
de leurs canons que les mulets ne pouvaient,
sans risque de culbute, porter sur une sente
trop resserrée; « tringlots » s'acharnant, à
demi nus, la nuque brûlée par le soleil et le
torse dans l'eau jusqu'aux hanches, à désem-
bourber leurs chariots; sapeurs du génie
plongeant et replongeant dans les flots limo-
neux du Bou-Regreg, en quête d'une ancre
coulée à pic; matelots de Casablanca peinant
dès l'aube et jusqu'à la tombée de la nuit sur
les barcasses du port; fantassins accrochant
sur leur havresac le havresac d'un camarade ou
d'un caporal épuisé et prêt à choir... Et tant
d'autres, tant d'autres, dont la liste, infiniment
diverse, est infiniment longue!...

J'ai noté ceci : ce qu'il faut à nos hommes
pour déployer dans toute leur ampleur leurs
facultés de dévouement, c'est une part d'initia-
tive et de responsabilité. Ils détestent qu'on les
mène par la lisière et qu'on ait l'air de les traiter
en tout petits garçons, qu'on leur trace avec

force détails et recommandations leur tâche. S'il leur semble n'être que des manœuvres, ils travaillent en rechignant et sans goût. Mais qu'on affecte de confier à leur adresse et à leur tact le soin d'accomplir quelque œuvre délicate, les voici tressaillant d'aise et d'orgueil et qui, loin de bouder à la besogne, y mordent à pleines dents et à plein cœur.

En somme, que vaut cet instrument de guerre, en soi-même et par comparaison avec les instruments qui lui seraient opposés? En quelle estime le tiennent les ouvriers qui l'ont employé ici à son véritable objet? En mon âme et conscience, je dis de lui, d'accord avec les gens de bonne foi qui l'ont jugé froidement : « Il est incomparable ».

Il ne saurait être question, en pareille matière, de fanfaronnade, d'outrance et de *bluff*, inspirés par un faux esprit de patriotisme et par un chauvinisme inopportun. Je dis ce qui est, parce que cela est ainsi et non autrement.

Notre outil est incomparable. Nous lui avons fait subir au Maroc d'autres essais que des

grandes manœuvres, marches d'épreuve, escarmouches simulées, — toutes images plus ou
moins habilement esquissées de la réalité fu-
ture. — Il nous est apparu bien trempé, plus
capable que n'importe quel autre outil, —
saxon, slave, italien, espagnol, blanc, jaune ou
noir, — de satisfaire à l'usage qui lui sera quelque jour assigné. Donc, nous le disons avec
fierté, assurément, mais avec le calme qui sied
à l'énonciation d'une vérité désormais évidente.

A ceux qui ne savent pas ce que vaut l'épée
de la France, parce qu'ils ne l'ont jamais vue
frapper de la pointe et du tranchant, à ceux
qui doutent, nous disons, nous qui avons *vu*,
nous qui sommes *sûrs* : « Ayez confiance!
L'arme que vous nous avez remise, nous
l'avons éprouvée : nous nous portons garants
de sa précellence... Un jour, elle fera merveille,
pour que demeure éternelle la patrie du beau et
du bien... Haut les cœurs! »

XVI

SOLDATS INDIGÈNES. — LES ARABES

Un jour, à l'ombre de ma tente, mon ordonnance, le Sénégalais Samba Dialo, fourbissait la poignée de mon sabre; il cessa de chantonner une romance bambara et dit gravement :

— Français bien connaisse manière...

Il ôta sa chéchia, hocha sa tête crépue et répéta d'un ton admiratif et convaincu :

— Français bien connaisse manière... Lui toujours content faire la guerre, toujours besoin soldats. Alors lui dire aux hommes Bambaras, Toucouleurs, Peuhls, Ouolofs, Sous-

sous, Mossis, Haoussas, Malinkés : « Moi
besoin soldats, toi prendre fusil, toi faire tirailleur... » Et ça y en a tirailleurs sénégalais...
Avec Sénégalais, Français lui prendre tout
Soudan, tout Guinée, Côte d'Ivoire, Congo,
Chari, Zinder, Ouaddaï... Avec Touaregs, Français faire méharistes. Avec Algériens, lui faire
tirailleurs algériens, spahis, goumiers. Avec
Malgaches, lui faire tirailleurs malgaches...
Maintenant, avec Marocains, Français faire
goumiers marocains. Bientôt goumier faire
tirailleur marocain, et celui-là faire bataille
avec les hommes de son pays... Français bien
connaisse, oh ! oui, bien connaisse...

Il ne raillait pas, il ne s'étonnait ni ne se
révoltait ; il admirait, tout simplement, et de-
meurait confondu et béant devant cette idée,
qu'avait lourdement élaborée son obtuse cervelle : l'aptitude merveilleuse du Français à
tirer des pays conquis ces bataillons de guerriers, à les équiper, à les dresser, à les lancer
contre leurs frères de sang et de couleur...

Il reprit sa chansonnette, et j'observais, dans

ses gros yeux d'hercule noir, une flamme de
fièvre. Une seconde, le temps d'un éclair,
l'image prodigieuse lui avait été révélée, de
cette France inaccessible, toute-puissante,
colossale, ordonnant aux peuples vaincus de
s'armer pour elle, arrachant à leur sommeil
les multitudes asservies et les jetant d'un signe
à la rencontre de l'univers. Il peinait à rassembler les fragments de l'éblouissante vision...

Éblouissante, certes, et bien faite pour ins-
pirer à ce barbare accroupi une terreur sacrée,
puisque, dans le même instant, moi, un civi-
lisé, moi, un fils de la race dominatrice, je
découvrais, au choc de ce naïf langage, la gran-
deur étrange et saisissante de l'œuvre accomplie. Rompu, dès longtemps, au métier d'ins-
truire des recrues indigènes, je m'étais habitué
aussi à trouver normale et naturelle leur soumission. Et soudain je reconnaissais toute la
vertu de cette séduction irrésistible exercée sur
les vaincus et qui, par la seule force de la per-
suasion, sans violence et comme par enchantement, savait enrégimenter au service de la

patrie française les rebelles d'hier. Splendide
m'apparaissait tout à coup cette fiction de la
métropole lointaine, assise entre ses mers et
ses montagnes et regardant par-dessus l'horizon
marcher à l'ennemi les foules d'auxiliaires
accourues sous ses étendards. Plus splendides
encore, le « loyalisme », la fidélité de ces auxiliaires, et, finalement, leur conviction qu'ainsi
tout était pour le mieux.

Ces auxiliaires, je les ai vus à l'œuvre dans
le *bled* marocain. J'ai mesuré leur valeur, la
profondeur de leur dévouement. Et je les ai
bien vite aimés pour leur confiance inaltérable,
pour leur vaillance, pour leur entrain, pour leur
indéfectible abnégation, pour leur inlassable
souci de la consigne et du devoir, — et ne
devons-nous pas au moins payer d'affection le
sacrifice qu'ils nous consentent si volontiers de
leur sueur et de leur sang?

Je les ai admirés en bloc, sans m'attarder à
aucune puérile préférence d'arme et de corps.
Ils ont forcé mon admiration. A ceux-là, aux
chefs qui les ont éduqués, ira l'hommage de

ces lignes où, — trop sommairement à mon gré, — j'ai tracé quelques silhouettes de trou-piers indigènes.

Hamdouda ben Sliman, tirailleur algérien... — C'est un grand diable à profil de vautour, efflanqué, basané, qui a la démarche souple et déhanchée du sloughi, les mains extrêmement longues, étroites, les jambes arquées; tout en nerfs, en muscles coriaces, en os effilés : bref, un animal de proie, une bête guerrière.

A force de courir ensemble le *bled*, nous nous sommes connus et appréciés. En route, nos compagnies sont voisines. Il marche à quelques mètres en avant de moi et, chaque fois que je lève les yeux, j'aperçois les chiffons qui s'enroulent en spirale autour de ses tibias décharnés, chiffons et tibias terminés par de formidables brodequins; j'aperçois son pantalon-jupe de toile grise, le fantastique paquetage qui s'échafaude sur son havresac et donne à celui-ci un si comique aspect d'armoire portative.

C'est un terrible mangeur de kilomètre s. Il va, il va, jacassant dans cette âpre et rocail- leuse langue arabe qui se râle plus qu'elle ne se parle. Las de bavarder, il chantonne des airs uniformément lamentables et nostalgiques, se ressemblant tous à tel point que l'on croirait toujours entendre la même chanson : Ham- douda n'en saurait-il qu'une seule ? Las de chanter, il souffle dans une flûte en bois qu'il extrait des profondeurs de son pantalon-jupe et dont il ne se sépare jamais ; de ce perpétuel flûteau, il tire, invariablement, inépuisable- ment, la même mélodie mélancolique et, à la longue, sinistre.

Il marche strictement à sa place et ses cama- rades l'imitent. Les angles de son armoire ont exactement quatre-vingt-dix degrés ; son fusil, astiqué minutieusement et graissé, est incliné selon les règles ; les cuirs et les courroies dont il est bardé lancent des éclairs ; son « quart » étincelle. Hamdouda est un troupier soigneux.

Encore plus que soigneux, il est « débrouil- lard ». En route, son principal souci est d'ins-

pecter la brousse où, faute d'arbres et par conséquent de bois mort, on peut glaner des tiges
racornies d'asphodèles et des bouses comme
pétrifiées. Bénies sont les haltes horaires qui
l'amènent à proximité d'un douar abandonné
il opère dans les décombres des fouilles toujours heureuses, rapporte triomphalement des
lattes arrachées à une palissade et des manches
de charrue oubliés par les fuyards. Il est plus
que « débrouillard », à l'occasion, il est « chapardeur »: « chaparder » une pastèque dans le
champ d'un Zemmour dissident, ce n'est pas
voler.

Au bivouac, il se conduit bien, aligne correctement sa tente, creuse son bout de tranchée
qu'il renforce coquettement de bonnes pierres
ou de grosses mottes de terre, enjolive sa
« feuillée » de branchages entremêlés artiste-
ment.

Au feu, son attitude est mieux que correcte;
il se souvient qu'il est « turco ». Une fois, dans
la forêt de la Mamora, il a dû jouer de la « four-
chette » : il en a joué bellement, et ses devan-

ciers de Frœschwiller l'auraient reconnu pour
un des leurs. Son coup de fusil manque un peu
de justesse, il gaspille un peu ses précieuses
munitions, mais cela vient de ce que ses nerfs
d'Africain réclament impérieusement, aux
heures excitantes de bataille, beaucoup de bruit
et toujours plus de bruit. Alors il tire, il tire,
en déplorant que les règlements lui interdisent
d'accompagner par des clameurs stridentes
chaque détonation.

Les chefs qui l'aiment, il les aime; il vaut
ce qu'ils valent. On lui attribue, parce qu'il
sert au 2ᵉ régiment, une écrasante supériorité
sur ses cousins originaires d'autres provinces
et comptant au 1ᵉʳ, au 3ᵉ, au 4ᵉ tirailleurs. Il
est peut-être mieux entraîné, plus rompu à la
vie de colonnes. Mais demain, sous un chef
ignorant des complexions indigènes, il vaudra
moins que son cousin Mohammed ben Mohammed, enfant de Tunis, à qui est échu en partage
un capitaine avisé.

Au total, Hamdouda ben Sliman est un bon
soldat, oui! A tous les amoureux fervents du

métier militaire je souhaite de n'avoir jamais à commander que des Hamdouda ben Sliman.

Belkacem, convoyeur kabyle. — Il n'est pas Kabyle : racolé sur les quais d'Alger, où des centaines de ses congénères gagnent leur subsistance à coltiner les bagages et les ballots des Roumis, Belkacem ne connaît de façon précise ni le nom de son père ni le nom de sa mère, ni la date et le lieu de sa naissance. Depuis l'époque la plus reculée où puisse fouiller sa mémoire hésitante, il a rôdé dans les faubourgs et sur les quais d'Alger, ne lâchant sa boîte de cireur ou son couffin de commissionnaire que pour contracter des engagements de convoyeur et suivre pendant cinq ou six mois les colonnes de l'Extrême-Sud ou des confins algéro-marocains.

Il est mahométan, ne pratique guère, mais, bien entendu, est fanatique.

Non, il n'est pas Kabyle ; il n'est pas non plus Arabe, il n'est pas non plus Berbère ; il est à la fois tout cela. Du sang maure, touareg ou bambara coule peut-être dans ses veines, mais rien n'est moins certain.

Un jour que je l'interrogeais :

— Je suis « Bicot », m'a-t-il répondu.

Il est « Bicot », c'est-à-dire que, sommé de définir sa nationalité, il opte pour la seule hypothèse dont il soit à peu près sûr. Il n'est pas Européen, donc il est « Bicot »; traduisez : « indigène ». Le « Bicot » n'appartient pas aux races reconnues par les ethnographes : il faudra bien, quelque jour, devant les effroyables croisements où se perdent les antiques, les classiques, officiels courants de peuples, admettre enfin, pour se débrouiller là-dedans, le « Bicot », résumé des unions que formèrent successivement Arabes, Berbères, nègres et juifs, voire Maltais, Italiens et Espagnols, — produit hybride où s'est réalisée la formule révolutionnaire de l'universelle fraternité.

Un beau matin, à Tiflet, je l'ai vu qui suivait ma compagnie sénégalaise, tirant par la bride deux magnifiques mulets harnachés tout de neuf.

— Qu'est-ce que tu fais là?

— *Ji* marche.

— Où vas-tu?

— *Ji* marche avec *tiraillours* Sénégal.

Nous l'avons entraîné à notre suite en pays zemmour, en pays zaër : il a marché docilement, sans jamais s'inquiéter du lendemain, tirant ses deux mulets et mâchonnant des mélopées funèbres. Il a fait désormais partie intégrante de la famille qu'est une compagnie; mais les Sénégalais l'ont traité en frère adultérin : il y a entre nègres et Arabes une très vieille haine et des rancunes ineffaçables. Belkacem n'a cure du dédain qu'on lui oppose : il touche sa ration, fait cuire son bœuf et son riz, mange, boit et rumine à l'écart, et, roulé dans sa couverture, dort entre les jambes de ses bêtes.

C'est un bon serviteur, somme toute, un philosophe assagi et blasé par quarante années d'aventures et de privations, l'âme aussi racornie et tannée que le cuir de son visage, convenable à un vieux marchand de cacahuètes.

Nous causons, car il vient, les jours de repos,

me faire visite sous ma tente, invoquant
chaque fois le même prétexte : sa solde, sa
solde qu'on ne lui a pas versée depuis des mois,
qu'on ne peut pas lui verser faute de certains
papiers tout à fait indispensables. Après l'habituel préambule de la demande et du refus,
la conversation devient plus intime : Belkacem
est effroyablement bavard. Mais je ne m'en
plains pas : il m'a révélé, à son insu, bien des
mystères dont je n'avais nul soupçon et que
mon ignorance de la langue arabe me condam-
nait, moi Indo-Chinois invétéré, à trouver
devant moi éternellement inintelligibles.

Belkacem m'apparaît un animal soumis,
consciencieux, humble, sobre, content de peu,
difficile à troubler, un tantinet hâbleur, men-
teur et « chapardeur », mais, en fin de compte,
un serviteur précieux. Il est tout cela, pris indi-
viduellement; mais son âme collective, si l'on
peut dire, est bien autre !

Kaddour ben Khider, spahi. — Un gentil-
homme sous son turban à coiffe géante, sous

les plis de son burnous qui le vêt de pourpre jusqu'aux talons de ses bottes rouges. Un guerrier magnifique, de costume et d'âme.

J'ai pour lui une prédilection. Il est si beau sous les armes, debout plutôt qu'assis entre l'arçon et le troussequin surélevés de sa selle, la carabine en sautoir dansant sur les pans envolés du manteau, les éperons au ventre de l'étalon rouan qui valse et trépigne! Il a si fière allure, il en a tellement conscience! C'est un saint Georges arabe, un saint Georges hâlé qui porterait une barbiche pointue.

Il fait partie de l'escadron D... Il en fait partie comme font partie d'une lame bien trempée, bien aiguisée, les molécules du parfait métal. La lame infrangible et acérée qu'est son escadron a été forgée de main de maître.

Les chefs de Kaddour ont travaillé à faire de lui un parfait chien de chasse; un patient et minutieux dressage a insinué dans sa cervelle et dans ses veines l'instinct de la « quête ». Sur les flancs des colonnes, — qu'il abrite des fusillades imprévues, — infatigablement il

furette, enchanté de sa besogne qui l'autorise
aux galops frénétiques et aux fantasias éche-
velées. Une crête n'est pour lui qu'une position d'où quelques Marocains entreprenants
pourraient tirailler contre les pesants convois,
et qu'il doit escalader au plus tôt, coiffer d'une
silhouette immobile et fouettée par le vent,
dominant l'ornière d'où l'admirent les fantassins poudreux. Un ravin : Kaddour s'y préci-
pite. Une haie de figuiers de Barbarie : Kaddour l'explore et s'octroie quelques minutes
d'ombre fraîche et de farniente. Un douar :
Kaddour y mène son destrier, s'offre complaisamment à l'*interview* des nomades qui
béent de saisissement respectueux à l'aspect de
ce héros tout de pourpre habillé ; il laisse
accroire qu'il est un grand chef, le plus grand
des chefs, vante les douceurs et les gloires de
sa profession, exhibe son équipement somptueux, accepte une tasse de lait et repart à
bride abattue, comme le *setter* qui a poussé
une pointe dans la cour d'une ferme, s'est
attardé aux os abandonnés, puis se remémore

subitement les devoirs un instant négligés, les sillons où se terrent les cailles et le chasseur qui s'impatiente.

Kaddour est brave : il va, sans attendre qu'on l'en prie, tâter le pouls aux Marocains, aux cavaliers qu'il découvre, massés dans un repli de terrain, le winchester couché sur l'arçon de la selle et disputant de l'attitude à prendre à l'égard du Roumi. Kaddour les somme de s'éloigner sans retard et, selon qu'ils se manifestent courtois ou renfrognés, leur jette des paroles de fraternité ou des quolibets outrageants. Ainsi procédaient les guerriers de l'*Iliade*. Des balles lui sifflent aux oreilles : selon les circonstances ou selon son humeur du moment, il fait demi-tour et galope vers ses gradés, qu'il informe de l'incident, ou bien il met pied à terre, décroche sa carabine et répond avec méthode et flegme aux détonations des winchesters. C'est un amateur de combat à pied. Il est Arabe : il sait le peu de résultats qu'obtiennent les charges les mieux exécutées, il sait que c'est folie de vouloir réduire par le sabre un adversaire attaquant à coups de fusil.

Kaddour dévalise sans vergogne les rares cadavres laissés par l'ennemi sur le terrain, et déplore la fâcheuse manie qu'ont les Marocains d'emporter leurs blessés ou leurs morts; il rafle les troupeaux des tribus rebelles et les ramène avec l'art consommé d'un vieux pasteur.

Je l'aime beaucoup, et il le sait. Il fume volontiers mon tabac et m'offre, à l'occasion, sa gourde. Son escadron et ma compagnie ont « travaillé » ensemble plusieurs fois : ce sont choses que l'on ne saurait oublier...

Ammar ben Ammar, goumier marocain. — Il y a trois ans, Ammar ben Ammar était « dissident », c'est-à-dire qu'il s'opposait à notre pacifique pénétration et combattait, le *moukhala* au poing, notre influence. Mais son caïd a cru devoir se soumettre : il a suivi l'exemple de son caïd et a regagné ses mamelons de Casbah-ben-Ahmed.

Il a, tout en gardant les moutons du douar, lié conversation avec des compatriotes qui s'étaient engagés au service des conquérants. Il a été bouleversé par le chiffre de leur solde et d'apprendre que nul caïd ne pouvait prétendre à la rogner, stupéfait par les récits que ces ralliés lui ont ressassés de leurs occupations nouvelles, enthousiasmé par la richesse et les vives couleurs de leur uniforme : il s'est fait goumier.

Aussitôt il a prouvé qu'un guerrier peut et doit être un excellent soldat. Les splendides costumes desquels on l'a revêtu, il les a brossés et lavés avec un soin jaloux ; il a fourbi ses cuirs avec acharnement, astiqué son fusil avec amour. Les heures d'exercice l'ont plongé dans l'extase : il adore ces évolutions fort imposantes de gens armés de pied en cap et s'estime honoré d'y participer lui-même. Il entoure d'un culte dévot et muet ses chefs français qui l'ont habillé, le nourrissent et l'admettent à leurs cérémonies militaires, image d'une guerre savante et magnifiquement réglée : parce qu'il a grandi dans l'anarchie, l'ordre le confond et le passionne.

Il est allé à Fez, non point qu'il ressente
pour Moulaï-Hafid une quelconque affection, ni
qu'il ait des intérêts de Sa Majesté chérifienne
un quelconque souci, mais ses chefs voulaient
bien l'autoriser à prendre place dans leurs
superbes colonnes et, tout en accomplissant
l'étape, il les louait et les remerciait au fond de
son cœur : il se trouvait, je vous le dis, gran-
dement honoré.

Il a tiré sur les Beni-Snassen, sur les Beni-
M'tir et autres rebelles, sans honte et sans
remords, avec l'unique préoccupation d'épauler
selon le rite et d'ajuster son coup.

Sa vénération de ses officiers s'est accrue de
les voir entraîner à la victoire des contingents
si énormes et divers, ordonner si rigoureuse-
ment le départ et l'arrivée de leurs prodigieux
convois, l'installation de leurs formidables
bivouacs. Homme de guerre, il a jugé que les
Français étaient d'incomparables guerriers : il
était agréable de servir sous leurs ordres, en
campagne encore plus qu'en garnison.

Pour démontrer qu'il était digne de l'honneur

qu'on lui accordait, il a marché sans mur-
murer, au plus fort de la chaleur et sans
s'écarter jamais du rang, a fait sa faction en
vieux grognard, s'est battu bravement et régle-
mentairement, comme s'il se fût agi d'une
simple manœuvre, a tiré comme à la cible,
peu, mais bien.

Ammar ben Ammar, goumier, sera quelque
jour tirailleur marocain. On pourra compter
sur lui, en toute occasion et sous toutes les
latitudes... On ne peut pas ne pas l'estimer, ne
pas l'aimer.

Tels sont mes amis, Hamdouda ben Sliman,
tirailleur algérien, Belkacem, convoyeur kabyle, Kaddour ben Khider, spahi, Ammar ben
Ammar, goumier marocain. Tels ils sont, chacun pris à part et loin des cités ; mais la vie en
commun modifie étrangement leurs traits.

Près des villes, autour des camps, sous les
murs des casbahs, leurs vices préférés les guettent : leur chair est faible et le vernis de civilisation dont nous l'avons badigeonnée, ce mince

vernis bientôt éclate et s'écaille. Elles sont si
tentantes, si aguichantes, les « moukères » qui
sont assises sur les nattes des gourbis ! On
s'accroupit en cercle autour d'elles, on boit le
thé à la menthe qu'elles vous offrent avec un
sourire ensorcelant, on regarde se jouer le reflet des bougies sur le carmin de leurs joues et
le henné de leurs talons, on souffle dans les
flûtes et l'on bat de la paume la peau des tambours cylindriques. On est bien sages, d'ailleurs, on se partage équitablement les frais de
la petite fête, on rentre ensemble sous les tentes
où l'on se jure éternelle amitié : n'est-on pas
compagnons d'armes?... Mais Fatmah, hélas!
a le cœur sensible et dispense à tel ou tel des
faveurs particulières et scandaleuses; mais
Fatmah tolère que l'on se livre sous son toit à
d'impies libations de champagne où d'absinthe
dérobée chez le mercanti, mais Fatmah tient
un authentique tripot...

Ammar et Kaddour, Belkacem et Hamdouda
sont Arabes, c'est-à-dire follement vaniteux et
susceptibles, et doués d'un tempérament très

13

inflammable. Chacun d'eux, pour qu'à lui seul
Fatmah réserve les grâces de son esprit et de
son corps, vide sur les genoux de la belle son
porte-monnaie : tout leur « prêt » y est sacri-
fié. Ensuite ils tentent la chance, demandent
aux cartes les douros qui doivent leur assurer
l'amour exclusif de Fatmah, au vol avec ou sans
effraction, au meurtre même.

Quand les possède la rage amoureuse et
quand les fumées de l'alcool, par surcroît,
viennent obscurcir leurs pauvres cervelles, ils
ne sont plus que des brutes déchaînées. Et le
conseil de guerre les voit comparaître à sa barre,
piteux, désespérés, pleurant à chaudes larmes.
Et les juges leur sont très indulgents, par
bonheur, en considération des services qu'ont
rendus et que rendront encore à « la plus
grande France », Ammar et Kaddour, Belkacem
et Hamdouda.

XVII

SOLDATS INDIGÈNES. — LES NOIRS

On peut ne rien comprendre à l'âme des noirs et, comme la logique du caractère français nous défend d'aimer ce que nous ne comprenons pas, on peut n'éprouver à l'égard des noirs aucune sympathie. J'ai connu des officiers qui, pour cette raison d'inintelligence fatale, témoignaient aux malheureux Sénégalais une aversion évidente, trop évidente et d'autant plus regrettable que ces officiers « comptaient » précisément à des compagnies sénégalaises. Ils découvraient, chaque jour, après des recherches faites avec application, des motifs nouveaux de n'aimer point leurs hommes et les énuméraient à grand fracas, comme à son de trompe, avec une joie non dissimulée, presque fielleuse.

— Hein ! les fameux noirs !... Vous avez vu, hein ?... Pas moyen de lui clore le bec, à cet animal qui est venu réclamer sous ma tente. J'ai eu beau crier, il a crié encore plus fort que moi. Il a eu le dernier mot, quoi !... Allez donc enseigner la discipline à ces brutes-là !... Ah ! oui, de jolis militaires ! Et bien agréables à commander !...

De tels propos, imprudemment clamés ou colportés, sont d'autant plus condamnables que leurs auteurs, de par la lettre et de par l'esprit des règlements, devraient à leurs subordonnés de l'affection et toujours plus d'affection. Mais l'affection ne se commande pas.

Du moins elle peut s'acquérir : tâchez de comprendre vos hommes, et vous les aimerez. Il existe, pour aider à voir clair dans l'âme sénégalaise, une formule très courte et fort simple, qui facilite bien des rapprochements, évite bien des heurts, prévient des maladresses

quelquefois dangereuses. La voici, dans sa nu-
dité : « Le Sénégalais est un grand enfant ».

Ils sont ici quelques centaines de noirs que
l'on a recrutés au hasard dans toute l'étendue
de l'Afrique française ; ils sont venus au Maroc
avec leurs épouses, leurs tribus de négrillons
et leurs cuvettes émaillées, — bases nécessaires aux pyramides de casseroles, de boîtes
et d'ustensiles hétéroclites qui sont leurs bagages habituels et que leurs femmes portent en
équilibre au-dessus des immuables petites
tresses. Toutes les races ont envoyé des repré-
sentants. Les Bambaras sont le plus grand
nombre, la tradition voulant que les gens de la
nation bambara s'engagent au service de la
France ; il y a un effectif respectable de Toucouleurs et de Peuhls, qui sont, par atavisme,
des gentilshommes de guerre ; il y a des Ouolofs, bons soldats, aimant leur métier, mais
trop querelleurs et d'humeur singulièrement
difficile ; des Maures, des Baoulés, des Haoussas, des Soussous, et d'autres encore, — tous
hommes de peau plus ou moins foncée, de

valeur plus ou moins haute, de culture plus ou moins avancée, mais qui, enrégimentés, amalgamés, encadrés, constituent cette personnalité si marquée, très spéciale : la troupe sénégalaise, la troupe noire.

Ils ont fait, ils font colonne depuis des mois, tandis que leurs compagnes et leurs rejetons attendent philosophiquement, dans leurs gourbis de Casablanca, la fin de cette campagne. J'ai marché, je marche encore avec eux, et c'est pour moi une diversion bien précieuse aux fatigues et aux menus déboires des étapes et des bivouacs que d'observer ces Africains, après les Cochinchinois, les Tonkinois et les Cambodgiens qui furent, tour à tour, mes subordonnés.

Ce sont de grands enfants. Il n'y a pas lieu de rechercher à leurs qualités non plus qu'à leurs défauts, à leurs fautes non plus qu'à leurs actions d'éclat, d'autre explication que celle-ci : ce sont de grands enfants.

Enfantins, les rires épais et sonores que déchaîne dans leurs rangs la facétie d'un pitre

et qui brusquement convulsent leurs mufles
camards, retroussent leurs babines et découvrent l'étincelante rangée de leurs redoutables
crocs. Enfantines, les histoires interminables
que débite sous la tente, le soir, le conteur de
l'escouade et qui alternent avec de fantastiques
narrations de combats, de *raids* à travers le
Soudan, ordonnés et dirigés par leurs héros légendaires, Samory, Rabah ou bien Archinard,
Marchand, Gouraud.

Ce sont bien des enfants, étourdis, rêvas-
seurs et naïfs, qui s'appliquent de leur mieux
à retenir et à graver dans leur simple mémoire
l'ordre donné tout à l'heure par le sergent ou
le lieutenant, et qui trottent, en rabâchant les
mots de cet ordre essentiel, et qui reviennent
tout courant, penauds et désespérés :

— Mon lieut'nant, toi dire quoi ?... Moi
oublier tout...

Puérils sont leurs jeux, leurs danses, leurs
chants, — qu'ils susurrent avec des voix menues et qui ravivent en leurs cerveaux l'image
de leurs enfances nues et vautrées dans le fu-

mier du village natal, pêle-mêle avec les poules
et les cochons. — Puériles, leurs querelles,
les injures dont ils se bombardent avant d'en
venir aux mains, d'autant plus enragés que
leur raison débile est plus incapable de refré-
ner leur fureur, que le sens de l'outrage leur
échappe partiellement, qu'ils redoutent la rail-
lerie cinglante ou le blâme tacite du spectateur
européen, cet être intelligent, supérieur et iro-
nique.

Vouloir appliquer à ces créatures toutes
d'impulsion et d'irréflexion les rigueurs mathé-
matiques des règlements, c'est le fait du rustre
qui prétend guérir avec le même onguent le
catarrhe de son vieux père et la pelade de son
chien. Le Sénégalais qui s'est emporté jusqu'à
insulter son caporal ou son sergent à la mode
bambara, c'est-à-dire dans l'honneur et la vertu
de ses ascendants, qui s'est laissé aller à lever
sur l'un de ses supérieurs hiérarchiques une
main irrespectueuse, n'est pas coupable comme
le troupier du 123e ou du 49e régiment de ligne
qui aurait grommelé des phrases analogues ou

esquissé le même geste : il ne sait pas, il ne peut pas savoir, quoi qu'on ait pris soin de lui prêcher là-dessus, il ne saura jamais qu'il n'est pas nécessaire ni convenable de riposter par l'outrage ou la menace au reproche, mérité ou non.

Ainsi le veut son entendement de petit garçon. Le blâme infligé par le gradé lui semble injuste, parce qu'il ne se rend pas un compte exact de la faute commise : il jugera inique l'intervention de l'officier qui prétend lui interdire de protester par des clameurs indignées, par des gestes violents. Sous la tente où ses camarades accourus, après l'avoir ficelé avec art, l'ont jeté impuissant, il réfléchit, constate qu'il a dû pécher gravement, et se repent presque aussitôt. Mais, alors même qu'il déplore son péché, celui-ci persiste à ne pas lui apparaître clairement.

Comme un enfant, il a de l'injustice, l'horreur et le mépris, elle le bouleverse réellement. Lorsque les journaux vous racontent quelque dramatique révolte de noirs, soyez persuadés

13.

qu'à l'origine de l'événement gît une injustice
ou tout au moins une apparence d'injustice.

Le Sénégalais est un enfant brutal, bruyant,
disposé par sa nature même à l'outrance et à
la grandiloquence. Il est parfois insupportable
et surtout agaçant.

Mais, s'il a de l'enfance tous les travers et
toutes les faiblesses, il en a aussi les qualités.
Il est d'une candeur désarmante : cette ingé-
nuité, qui provoque, à l'occasion, le sarcasme
et la colère, lui suggère maintes attentions,
maint dévouement superstitieux à la personne
des chefs qui l'éblouissent et le fascinent. Il
n'entrevoit pas qu'il soit possible de ne pas
honorer par tous les moyens, par les plus
nobles, ou les plus vulgaires, ou les plus dérisoires, les hommes qui ont su lui imposer la
notion de leur incomparable supériorité. Il
retrouve dans les profondeurs de son être son
âme d'esclave ou de fils d'esclave pour attirer
sur sa tête les éloges ou simplement les regards
de ces idoles vivantes que sont certains de
ses officiers. Devant elles, cet orgueilleux est

modeste, ce violent est humble et soumis, cette brute imagine des merveilles de délicatesse.

Les enfants sont vaniteux : la vanité est le péché mignon des Sénégalais. J'ai dit qu'elle les conduisait à commettre d'effroyables frasques : elle leur inspire aussi l'opinion très louable que le métier des armes est le plus beau de tous les métiers, que le Sénégalais est un soldat d'élite et que, pour conserver ce renom d'antique valeur, il convient de servir loyalement, avec zèle, avec dignité, d'avoir le cœur et les allures propres à un soldat d'élite. Vraiment, à l'exercice, à la manœuvre, en marche, au feu, ils ont l'air d'accomplir quelque rite sacré, de célébrer un culte bizarre dont ils seraient les prêtres.

Leur bravoure est légendaire. Je les ai vus au combat, — et, plus spécialement, des Bambaras et des Toucouleurs, — observer une attitude de gentilshommes, bombant la poitrine, cambrant l'échine, raillant, comme des enfants toujours, de leurs prunelles rieuses et de leur gesticulation sobre, le danger, la mort. N'ont-ils pas, d'ailleurs, leurs « gri-gri », amulettes fort efficaces et payées très cher aux sorciers de leur village et qui doivent les préserver des balles, des maladies, du risque d'adultère, etc.

On a insinué :

— La foi dans le gri-gri constitue le fond de l'héroïsme sénégalais. Otez au Bambara son gri-gri, ce sera un poltron.

Nos aïeux catholiques tenaient-ils, quelques-uns d'entre nous tiennent-ils encore leur courage des médailles et des scapulaires dont leurs épouses et leurs mères leur couvraient, leur couvrent la poitrine ?

Tels sont les Sénégalais. Tels ils se sont montrés au Maroc, avec leurs vices et leurs vertus, forçant l'admiration et l'estime universelles. Quelles objections n'avait-on pas faites à leur venue dans ce pays ?... « Le froid les tuera, ces pauvres diables habitués au grand soleil et aux chaleurs des tropiques !... A défaut du froid, les consumera la nostalgie de leurs steppes désertiques, de leurs sables et de leurs palmiers... Et quelles terribles contagions ne vont-ils pas charrier à leur suite? quelles « maladies du sommeil » ? quelles filarioses ?... Et puis, descendants d'une race tyrannisée, terrorisée, depuis des siècles, par l'Arabe, oseront-ils combattre à visage découvert le Marocain dominateur et marchand d'esclaves?... Enfin est-il humain d'enrégimenter sous nos drapeaux ce barbare, cette brute à figure tout juste humaine?... »

Ni le froid ni la nostalgie ne les ont empêchés de remplir exactement la tâche qui leur incombait. Très rares furent ceux d'entre eux qui succombèrent à des bronchites, fluxions de poitrine, phtisies. Très sains, par hérédité à la fois et par l'effet de la sélection naturelle qu'opèrent chez les noirs les affections infantiles, il était normal qu'ils résistassent aux intempéries, d'ailleurs bénignes, du climat nord-africain. Depuis des siècles, leurs ancêtres ont visité le Maroc et y ont séjourné, meneurs de caravanes ou captifs. Les Majestés chérifiennes se sont, depuis des siècles, entourées de mercenaires nègres. Pourquoi le Sénégalais ne subirait-il pas victorieusement l'épreuve qu'ont subie de même son père, son grand-père, son bisaïeul?

Nostalgique, il l'est médiocrement. Accoutumé à vivre dans son village, ne fréquentant guère que les siens, ses proches et ses voisins, il a reconstitué au Maroc ces conditions élémentaires de son bonheur. A côté de son camp est le camp des tirailleurs mariés, assemblés par trois ou quatre ménages dans un gourbi de pisé ou sous une tente-marabout : il y court, aux instants de liberté, manger la soupe au riz et la viande que la compagne d'un camarade — « la femme mon frère » — a cuisinées pour lui et pour une dizaine d'autres garçons. Il gratte sa guitare rustique, faite d'une calebasse évidée et de deux boyaux, se mêle aux danses que l'on prolonge volontiers jusqu'à l'appel du soir et rentre dans sa case parfaitement heureux, libre de tous désirs. La famille, pour lui, c'est ce village de tirailleurs mariés où l'attendent la nourriture, la boisson, les joies délirantes de la danse, de la musique, du jeu et de la conversation, l'amour parfois, adultère ou régulier.

La ville ne le tente pas : il évite l'Arabe, qu'il déteste par instinct et devine supérieur en malice à lui-même, à lui pauvre sauvage indéfiniment dupé. A Rabat cependant, le nombre et la beauté des négresses et des mulâtresses, filles et petites-filles de captives, l'ont frappé : il a risqué des déclarations que ces demoiselles ont fort bien accueillies et qui aboutissent à des mariages en bonne et due forme. C'est un grand épouseur devant l'Éternel et il est merveilleusement prolifique.

— Maroc y a bon maintenant. Y en a beaucoup femmes et lui faire beaucoup petits. Y a bon !

La « maladie du sommeil », la mouche tsé-tsé qui la communique s'abstient d'accompagner sur le paquebot les détachements de relève.

Quant à la filariose (un cas pour soixante recrues), elle ne gêne pas plus le tirailleur qui possède dans ses veines quelques-uns de ces fameux filaires qu'un œil-de-perdrix n'empêche une dactylographe de tapoter son clavier.

Les Sénégalais ont prouvé que le Marocain ne leur imposait pas : ils reconnaissent sa valeur guerrière, sa merveilleuse adresse au tir, son entrain et la rapidité de ses évolutions ; cela fait, ils canardent avec un flegme absolu cet adversaire estimé.

Quant à la cruauté des soldats noirs, encore une légende qui agonise, quoi qu'on fasse pour la ranimer. Faut-il répéter que le Sénégalais n'achève pas les blessés ? Faut-il — ah ! vraiment, ceci est énorme — faut-il jurer qu'il ne dévore pas les cadavres de ses ennemis ?... Je me rappelle les yeux ronds, la bonne face ahurie et effarée du brave « rond-de-cuir », au moins quadragénaire, venu de Bois-Colombes au Maroc en voyage de trois semaines, et qui me questionnait ainsi :

— Est-il vrai qu'à Meknès vos tirailleurs ont mangé des petits garçons ?

Les bras m'en tombèrent. Quel objet pouvaient bien poursuivre les imbéciles qui propageaient cette ineptie ? Je tournai les talons, plantant là mon interlocuteur.

Les Sénégalais sont venus au Maroc ; il
viendra au Maroc d'autres Sénégalais encore.
On s'est dit, à la fin, qu'une pareille troupe,
inaccessible à la fatigue, sobre, brave, dévouée
jusqu'à la mort, il serait bien sot, pour des dis-
putes de chapelles, pour des considérations
d'humanitarisme excessif et suranné, de s'en
priver bénévolement.

Dans le grand frisson de colère et d'orgueil
qui parcourt toutes les tribus de l'innombrable
Islam, le Sénégalais, fétichiste, Français aujour-
d'hui sans restriction, demeure impassible. Nos
ennemis arabes, nos sujets arabes même, si la
tentation les saisit de trahir la foi jurée, devront
passer sur les corps des noirs très fidèles.

Sous d'autres cieux, ils combattront et mourront avec joie, ces noirs, si jamais il le faut,
pour maintenir très grande la patrie qui, au lieu
de les asservir, a voulu les adopter honorable-
ment et qu'ils ont adoptée.

XVIII

LES MERCANTIS

Sur le diable de petit bateau qui bourlin-
guait effroyablement, ils étaient trois, trois
mercantis. Ils venaient, comme moi, de Casablanca et, comme moi, se rendaient à Méhédya,
où leurs affaires les appelaient, — de vagues
affaires dont ils avaient longuement bavardé à
voix basse, enroulés côte à côte dans de pauvres couvertures arabes, à même le plancher
du spardeck. — Nous avions, la veille au soir,
en nous embarquant, échangé des saluts céré-
monieux et courtois et choisi nos positions res-
pectives, — le militaire sur sa chaise longue,

contre le bastingage de tribord, les civils à
bâbord. — Au petit jour, on s'était salué de
nouveau, à distance, correctement, mais avec
une nuance de cordialité, en gens qui appar-
tiennent au même bord, ont dormi sous le
même toit et souffert du même roulis.

La mer, sans être mauvaise, était hou-
leuse.

Le diable de petit bateau, dansant comme un
bouchon, finit pourtant, à grand renfort de
courbettes, de plongeons et de cabrioles, par
atteindre le travers de Méhédya et s'en vint reconnaître la barre de l'Oued Sebou. Il gamba da,
quelques minutes, dans l'écume, essuya quelques formidables gifles, dont nous reçûmes
notre part, et vira de bord pour aller jeter
l'ancre à deux bons kilomètres de la côte. Le
capitaine, en quelques mots, nous mit au courant de la situation :

— La barre, on ne peut pas l'affronter, à
cette heure. On entrera ce soir, à la marée, ou
bien demain, ou après-demain... Si vous n'avez
pas apporté votre manger, il faudra « faire

ceinture » : il n'y a de vivres à bord que pour l'équipage...

Les trois civils échangèrent des regards désolés, consultèrent de l'œil les murailles fauves de la casbah, accrochée aux parois ocre de la falaise, la ligne blanche de la barre, les bosses de la houle et, de nouveau, se regardèrent. Évidemment, ils n'avaient pas apporté leur « manger ».

Il était près de midi. Les estomacs criaient famine. A cette minute même, Samba Dialo, mon très fidèle Sénégalais, surgissait d'un panneau comme un diable de sa boîte et rangeait en bon ordre sur ma chaise longue les éléments d'un plantureux repas froid : un poulet qui trouait de ses pilons amputés son linceul de papier blanc, un saucisson gainé d'argent, du jambon, des tranches de gigot, — de quoi rassasier une escouade de Gargantuas, — parmi quelques flacons suffisamment poudreux et chamarrés d'étiquettes à peu près sincères. Et Samba Dialo expliquait :

— Moi connaître : bateaux toujours retard.

Moi acheter viande, et poulet, et vin, et tout...
Moi bien connaître.

Désespérés, anxieux étaient les yeux des
trois mercantis qui n'avaient pas apporté leur
« manger » et louchaient sur le mien. Je fus
magnanime :

— Messieurs, dis-je, vous m'aiderez bien à
expédier ce poulet et les accessoires dont il est
flanqué ?

Il y eut quelques protestations, de pure
forme, quelques timides ébauches de refus.
Dix minutes plus tard, il ne restait du poulet
que des os parfaitement nettoyés ; un de mes
invités, un homme soigneux, les ramassait et
les lançait à la mer. Une bouteille vide avait
le même sort. Et la confiance régnait, la confiance qui engendre aussitôt l'intimité, les confidences familières. On mangea encore, on but,
et l'on causa.

Je ne me rappelle plus comment se nom-
maient mes trois lascars et cela n'a, du reste,
aucune espèce d'intérêt. Ils étaient trois, qui
n'étaient nullement parents et qui se ressem-

blaient pourtant comme des frères, et d'extérieur et d'âme. Mêmes « complet-veston », en
toile kaki, mêmes houseaux en cuir brun,
mêmes brodequins de troupe achetés à quelque
légionnaire en bordée, et, sous le « panama »
de feutre beige, même visage à la fois astucieux
et naïf, cruel et débonnaire, audacieux et dé-
couragé : — tous ces contrastes, leur physionomie les exprimait tour à tour, selon qu'une
phrase lâchée par l'un d'entre eux déclarait
improbable ou possible la conquête de la Toison
d'Or. — Deux étaient blonds et grassouillets;
le troisième était brun, très maigre. Et pourtant ils se ressemblaient étrangement, et,
aujourd'hui encore, si je tâche de les imaginer,
je les retrouve pareils dans ma mémoire, plus
que pareils, identiques.

Leur âge était indéfinissable : entre trente et
quarante ans. Leur nationalité était indéfinissable : Français, probablement, mais de quelle
province? Et peut-être mâtinés de Maltais, de
Valaque, de Grec, d'Algérien. Leur accent
même ne pouvait me fournir d'indication : il

participait à la fois, dans des proportions qui défiaient l'analyse, du montmartrois, du provençal, du catalan et du sicilien... En somme, j'avais affaire à trois flibustiers, à trois « Frères de la Côte », et, cela étant acquis, je ne me souciais guère de déterminer leurs origines et leurs antécédents.

Le vin les avait mis à l'aise : ils me livrèrent un peu de leur être secret. Tous trois avaient brassé de fantastiques négoces, sans autre capital que leur faculté de « débrouillage » et leur volonté de s'enrichir.

— En 1905, mon lieutenant, j'ai failli faire fortune. Une veine, quoi! une sacrée veine!... On s'était associés, un type et moi, pour fournir au sultan des taureaux de Camargue, qu'il destinait à sa ferme-modèle... Il n'avait pas de ferme-modèle, mais on lui avait mis en tête qu'il lui en fallait une, et, dedans, des taureaux... Le type et moi, nous avions eu la commande; on pouvait gagner là-dessus des mille et des mille... Ça s'emmanchait très bien : le sultan avait avancé des fonds et on avait signé un traité. Voilà donc le type qui prend la route de Tanger avec les douros, pendant que je reste à Fez, à tenir les pieds chauds à Sa Majesté. Et puis, voilà-t-i' pas qu'un *rekkas*, un courrier, m'apporte une lettre du type : les Chérarda l'avaient attaqué, on lui avait barboté les douros ; il se cavalait en France, dare-dare, pour tenter un autre coup bien plus rupin... Mon lieutenant, le sultan m'a collé trois mois de fers... Et j'ai su que mon associé avait filé sur Larache et qu'il y mangeait les douros : l'histoire des Chérarda était une blague infecte... Depuis, le type a été zigouillé dans le Riff, où il faisait de la contrebande d'armes... On s'était revus : je ne lui avais pas mâché ma façon de penser ; mais on s'était réconciliés, on avait de nouveau travaillé ensemble...

— I' s'appelait pas Louchart, ton type ?... C'était Louchart ?... Un joli coco, mon lieutenant !... On a tripatouillé quelque chose, nous deux Louchart, dans le temps, à Settat, quand se faisaient les premières colonnes... On a eu des fournitures militaires; on se chargeait de convoyer des denrées de Casablanca à Settat... Il fallait cinquante chameaux. Du diable si j'en avais seulement la queue d'un!... Louchart me dit : « T'inquiète pas! j'en ai, des chameaux. » Tu mèneras le convoi; moi, je ferai les expé- » ditions... » Me voilà parti avec cinquante chameaux très en forme : ça allait tout seul. A Ber-Rechid, la gendarmerie me harponne et me met à l'ombre... Il paraît que Louchart avait soutiré les chameaux à des caïds en leur montrant des papiers, en les menaçant du silo s'ils n'obtempéraient pas... Il les avait réquisitionnés, tout bonnement!... Faut croire que les caïds avaient fini par ouvrir l'œil et par se plaindre... On s'est décidé à m'élargir mais j'avais tout de même tiré dix-sept jours de boîte...

— Une paille, dix-sept jours!... Moi, mon vieux, j'en ai eu mes trois mois... Et pour une fichaise!... Mais c'est pas une histoire à sortir, celle-là...

— Un peu de vin ?

— Vous êtes bien bon, mon lieutenant. J'accepte : on ne fait pas de manières avec vous ; vous êtes comme un camarade, pas vrai ?... Après tout, je peux bien vous la sortir, mon histoire... Je m'étais mis fournisseur de barcasses pour déserteurs... Ah ! ce n'est pas très joli, bien sûr !... Mais quoi ! on gagne sa vie comme on peut, n'est-ce pas ?... Il y avait des légionnaires qui étaient pris de cafard : alors ils désertaient, s'en venaient à Casablanca, rôdaillaient chez des compères ou chez les Juives jusqu'à ce qu'il y eût un voilier espagnol au large. Moi, je leur louais des barcasses pour gagner le voilier... Ça s'est su...

Ils étaient lâchés maintenant, mes trois mercantis, comme une meute qu'on découple. Toutes leurs luttes, toutes leurs déchéances, toutes leurs misères, tous leurs avatars de trimardeurs, ils les narraient avec une sorte de fièvre, comme s'ils avaient revécu chacune de ces heures passées. A la griserie du vin s'ajoutait, pour les disposer aux effusions, la fierté de se raconter, eux, des simples, des enfants

de la balle, eux, des *outlaws*, à un officier, à
un « régulier », à un homme qui leur semblait
assuré de manger à sa faim chaque jour, en
suivant tout simplement les chemins battus, à
un homme qui avait le droit théorique et pratique, selon eux, de les mépriser et qui demain,
commandant d'un poste, pouvait, au gré de sa
fantaisie, les emprisonner, les ruiner, les
envoyer se faire pendre ailleurs, — et qui
cependant les écoutait avec complaisance, en
leur offrant à boire.

Ce n'étaient pas de petits saints. Je ne suis
pas certain qu'ils eussent droit à ma sympathie; mais je ne suis pas certain, non plus, de
n'avoir pas souri au récit de leurs coupables
frasques, au moins de quelques-unes. Vraiment, ils m'intéressaient. Partis de rien, sortis
de je ne sais quels bouges ou de quelle
moderne Cour des Miracles, ces gueux s'é-
vertuaient à garnir d'or les poches de leurs
misérables hardes : merveilleuse était leur
ingéniosité, prodigieuses leurs ressources d'esprit, déconcertante leur indomptable illusion,

malgré les écoles, les déboires, les malchances, les chutes à plat. Ils s'étaient faits mercantis comme, au temps de Cortez et de Pizarre, on se faisait conquistador. Vers chaque pays neuf que les canons européens venaient d'ouvrir, ils se précipitaient, les dents longues, la bourse vide, riches de rêves et d'invention sans cesse renouvelée. Là-bas, sur le vieux continent, les lois étaient trop précises, les gendarmes trop curieux, les juges trop routiniers, trop durs habituellement aux hommes d'action, affectant de les confondre avec les coquins vulgaires. Dans le Sud-Algérien, en Tripolitaine, au Maroc, on pouvait courir la chance avec plus d'espace devant soi : mes trois chenapans l'avaient courue à tombeau ouvert...

Tantôt à tribord, tantôt à bâbord, les falaises de Méhédya montraient leurs âpres revers, entaillés de coupures béantes, balafrés d'éboulis où subsistaient des pans de murailles. Des vols de cigognes tournoyaient au-dessus des minarets découronnés de la casbah. Derrière la ligne blanchissante de la barre, la Terre pro-

mise haussait les rides et les plis de son visage
énigmatique.

Mes trois chenapans parlaient, parlaient,
sans oublier de lamper mon vin. Tous les
moyens de parvenir à leurs fins, honnêtes et
malhonnêtes, licites et illicites, les plus ordinaires, les plus inattendus, ils les avaient
essayés, abandonnés, repris. Lequel d'entre
eux avait déchargé sur les quais de Casablanca
les ballots de couvertures et les caisses d'obus,
ramé sur les barcasses de la marine, déguisé
en Berbère, pour n'avoir pas à rougir, devant
ses compatriotes, de ce gagne-pain réservé aux
seuls indigènes? Était-ce celui-là, ou bien l'un
de ses compagnons, qui avait ceint le tablier
blanc et endossé la courte veste de satinette
noire pour servir, en qualité de garçon, les
clients d'un grand café, dans le Souk, —
assommé plus qu'à demi, avec une carafe,
un *gentleman* israélite qui l'avait traité de
« larbin », — ouvert, une fois payée sa dette
de prison, un estaminet à troupiers où l'on
jouait à la roulette, — lâché l'estaminet, que

la police surveillait de trop près, afin de créer un « beuglant artistique pour les deux sexes » ?

— Ah ! mon lieutenant, si vous aviez vu ça !... Je peux dire que c'était bien monté... De chouettes femelles et pas regardantes à l'ouvrage... Ces messieurs raffolaient de ma baraque...

— Quels messieurs ?

— Tous ces messieurs, quoi !... Les gens chic : ces messieurs du consulat, les officiers d'administration... Mais la police s'en est encore mêlée : misère !...

Eh oui, un de mes invités, un de ces trois chevaliers qui vidaient si prestement leurs gobelets, avait pratiqué la traite des blanches !... Tous les trois, peut-être...

— Encore un verre, allons !

— Ce n'est pas de refus... Tu te souviens, Georges, du coup de Fédala ?

— Tu parles que je m'en souviens !... Et la boucherie du camp Boulhaut ?

Lequel avait ouvert cette boucherie fantastique où, pour le plus grand dommage d'un

candide bailleur de fonds, l'on avait massacré
tout un troupeau de vaches étiques après qu'un
intendant intègre et soucieux de ménager la
santé des troupes l'avait refusé en bloc?...
Comment le saurais-je? A peine achevée
la narration de cet exploit, l'aventure miri-
fique m'était contée du « Grand Magasin de
Mercerie et Modes! » Une dame galante et
peu scrupuleuse en était l'héroïne : elle y avait
gagné d'être expulsée, tambour battant, et ses
co-associés n'avaient eu que le temps de
prendre le large... La police, toujours cette
irritante police!...

— Ah! on s'est battu contre la guigne!...

Ils s'étaient battus vaillamment, avec toute
sorte d'armes et sans relâche. Ils avaient suivi
les colonnes, à pied souvent et poussant devant
eux le bourriquot exténué qui portait leur
pacotille, à califourchon sur des mulets adroi-
tement subtilisés à l'administration, à cheval
même, en certaines époques de splendeur, et
quelquefois héroïquement assis sur la bosse
d'un chameau enlevé à l'ennemi ou au convoi

de l'intendance. Leurs pauvres tentes de mercantis avaient dressé leurs cônes de toile
grossière et rapiécée près des bivouacs, avaient
relevé leurs pans déchiquetés sur les lamentables éventaires où voisinaient les boîtes d'allumettes, les trousses d'aiguilles, les couteaux
à manches rustiques, les flacons de cirage, les
pains de sucre et l'absinthe — dérobée par des
chiffons aux regards fureteurs de la prévôté.
— Lorsque retentissait, la nuit, l'appel lugubre
des sentinelles : « Aux armes! aux armes! »
et claquaient les coups de fusil, ces gaillards-
là couraient aux tranchées comme de vieux
professionnels et tiraillaient consciencieuse-
ment... N'avaient-ils pas leur bien à défendre,
et, par la même occasion, leur peau?...

Leurs ennemis — en outre de la police —
étaient innombrables. Le Marocain d'abord, —
le pillard de la forêt de la Mamora ou autres
repaires, qui détroussait les voyageurs isolés,
emmenait leurs chameaux et leurs mulets de
bât, s'amusait à tuer un peu le Roumi, ou à le
mutiler, ou à le renvoyer en chemise à la ville

prochaine. — Secondement, le Juif, concurrent redoutable, le Juif tenace et gluant, qui avait du commerce un sens suraigu, savait flatter la clientèle, l'amadouer par des sourires, des révérences et des louanges, qui vendait meilleur marché, dénonçait aux gendarmes le malheureux mercanti pour une fiole d'alcool aperçue derrière une caisse. Et puis le mercanti espagnol, mieux accueilli de l'indigène qui ressentait pour lui une sympathie de parent, et prompt à jouer du revolver ou de la *navaja*... Et le mercanti maltais, ou grec, ou levantin, ou tunisien, et le mercanti européen lui-même, fatalement hostile à ses confrères, qui rogneraient volontiers à leur profit sa part du gâteau commun...

Le client préféré, le militaire, est aussi un ennemi! On l'exploite, on le tond, on l'écorche : il paie vingt sous le fume-cigarettes de dix centimes, vingt sous le « quart » d'absinthe. Mais il a des révoltes terribles. Le légionnaire, le « marsouin », le placide zouave même, une fois ivres, lacèrent les précieux ballots de sandales et de chemises, écrasent à coups de talons les pipes en terre cuite qu'on essaya de leur céder au prix fort, fauchent d'un revers de main tout un rayon de sirops et d'alcools. Les indigènes, turcos, spahis, conducteurs kabyles, goumiers, sont d'émérites « chapardeurs », que le conseil de guerre n'effraie point et qui ont une manière à eux, déloyale et blâmable, de récupérer les fonds à eux extorqués. Le Sénégalais, barbare au cerveau étroit, entre en rage quand il pense découvrir qu'on veut abuser de sa simplicité : or son poing est furieusement lourd. Même, les lames des baïonnettes et des sabres, certains soirs d'orgie, jaillissent des fourreaux et le sang coule : des mercantis, à ce jeu redoutable du « petit commerce » et des « fournitures pour la troupe », ont laissé leur vie.

— Et pourtant, soupirait un de mes invités, il y a des moments où l'on croit que ça va coller !...

On croit que ça va « coller », mais ça ne « colle » jamais. Après trois heures de liba-

tions et de confidences, je voyais à plein mes
trois hommes : ça ne pouvait pas « coller »
parce que, malgré toute l'énergie, l'audace, la
témérité de ces gens-là, il leur manquait la
qualité essentielle, le caractère. Ils n'avaient
pas de caractère, et la plus folle hardiesse ne
pouvait suppléer à ce ressort des nobles ambitions. Ils étaient capables de vouloir, mais seulement par bouffées, par à-coups.

L'argent qui leur était venu d'un côté s'en
allait d'un autre. Ils avaient tous une fai-
blesse, une tare, une fêlure : l'alcool, le jeu,
les femmes; les femmes, le jeu, l'alcool...
Munis par aventure d'un quelconque pécule,
ils se ruaient à leur vice d'élection. L'ennemi
que chacun d'eux avait en soi l'abattait plus
sûrement que n'eussent fait les adversaires du
dehors.

Je savais, je savais quelle fin pitoyable atten-
dait les trois hommes qui buvaient mon bour-
gogne en vue de Méhédya : le poignard des
Marocains, le coutelas des « tringlots » kabyles,
la baïonnette des troupiers ivres, le revolver

d'un confrère irascible, et, pour tel ou tel plus favorisé, un grabat d'hôpital, voilà ce qui les guettait au terme de la rude étape. Mais cette étape, ils l'accomplissaient d'un tel cœur, avec une foi si rayonnante, avec de si belles flammes de rêve et d'enthousiasme au fond de leurs prunelles flétries que, malgré leurs erreurs, leurs défaillances, leurs coquineries, un peu d'émotion me prenait d'avance à la pensée de leur destin final.

Eh oui, c'étaient là, eux et leurs congénères, — tous les écumeurs des armées en campagne, tous les corbeaux avides qu'attire invinciblement la puanteur des cadavres, — c'étaient là des coquins, et pourtant je me sentais incapable de les détester... Que celui qui n'eut jamais pour un coquin le moindre faible inavoué me jette la première pierre!...

XIX

IDA, RIBAUDE

Je me demande pourquoi celle-ci, entre toutes ses pareilles, m'est apparue plus particulièrement représentative de l'espèce, pourquoi il m'a plu d'incarner en elle le type des ribaudes qui rôdent à la suite des armées modernes et qui pullulent ici, comme les vers dans le cadavre, comme les corbeaux dans le charnier. Pourquoi elle plutôt que telle autre? Je serais bien en peine de trouver à ce choix une raison précise. Le hasard peut-être, ou plutôt un obscur pressentiment que dans cette femme étaient condensés tous les éléments

essentiels de la complexion et du caractère spé-
ciaux à la ribaude, ses vices, ses défauts, ses
travers, ses tics professionnels, quelques-unes
de ses rares vertus, — bref une conviction vague
mais impérieuse qu'elle était « la Ribaude » !

Elle l'est, de toutes les puissances cons-
cientes et inconscientes de son être.

Elle est blonde, sèche, mince, de taille médiocre. Un regard aigu entre des paupières fri-
pées et poudrées ; une démarche raide et sautillante de pantin ataxique ; une silhouette étriquée, que moulent des robes-fourreaux, selon
les plus récents préceptes de la mode, et que
surmontent de monstrueux chapeaux, pagodes
ou cloches. Ni beauté ni charme, non : plutôt
laide. L'air cruel, sans méchanceté : — la
cruauté naturelle et irréfléchie du loup. — Elle
s'appelle Ida de Glassyz et tient officiellement
près d'un capitaine de chasseurs l'emploi
d'épouse illégitime. C'est tout ce que soupçonnent de cette femme les étrangers, les officiers
de passage, qui la croisent dans la rue ou la
rencontrent dans les lieux de plaisir.

Un ami, avant de me présenter, lui avait dit
que j'écrivaillais : bien vite elle s'est « ra-
contée » à moi, avec la sorte d'impudeur mala-
dive qu'elles mettent presque toutes à désha-
biller leur âme, par vanité de « sujet » qui
estime son cas intéressant, par besoin de s'épan-
cher, de déposer le masque, de s'exhiber à
l'inconnu qui les appréciera...

C'était un samedi soir, à la terrasse d'un café
que peuplaient, comme tous les samedis soirs,
le ban et l'arrière-ban de la population euro-
péenne, civile et militaire, de Casablanca, —
couples réguliers et irréguliers, escouades de
lieutenants célibataires, familles de négociants
français, espagnols ou juifs, — tout ce monde
venu pour jouir de la distraction hebdoma-
daire : la retraite aux flambeaux. Porteurs de
lumignons et fanfare avaient défilé sur la petite
place, où avait retenti l'assourdissant fracas des
trombones, de la grosse caisse et des cymbales,
et s'en étaient allés en procession tumultueuse,
avec leur escorte de gamins piaillants et de
chiens hurlants.

Dans le calme relatif qui avait succédé au
tonnerre des cuivres, un harpiste et un violo-
niste avaient attaqué les premières mesures de
l'*intermezzo* de *Cavalleria Rusticana* et « madame Ida de Glassyz », rapprochant sa chaise
de la mienne, avait entrepris la narration de
son passé.

Naturellement, elle ne s'appelait pas du tout
Ida de Glassyz. Je ne me souviens plus du
nom très roturier, très banal, qu'elle avait
échangé contre ce pseudonyme prétentieux. Où
était-elle née ? de quels parents ? Les rensei-
gnements qu'elle me fournissait là-dessus
étaient peu clairs : elle ajoutait ou retranchait,
brodait avec complaisance, pour mieux déguiser la vérité. Qu'importait, du reste ? Je
retenais ceci, parmi les mensonges entassés,
que son accent décelait une origine parfaitement plébéienne et indiscutablement méridio-
nale : un ancien trottin, parbleu ! ou peut-être
une ex-bonne à tout faire... Quand et pourquoi
s'était-elle lancée dans « la noce » ? Mystères,
mystères sauvegardés par des réticences, par

des confessions feintes, mystères enjolivés par maintes fioritures. Son âge ? Trente ans avoués, quarante plus vraisemblables, inscrits aux tempes qu'étoilaient de petites rides, aux yeux mêmes, d'un bleu fané, aux chairs flasques des joues, aux tendons du cou maigre.

Il ne pouvait pas être question entre nous de passade ni de « flirt ». Pour lui marquer honnêtement qu'elle n'eût point à se prodiguer en coquetterie, je ne lui avais témoigné qu'une attention courtoise, et, parce que je n'étais pas un candidat à ses faveurs, elle me traitait en camarade avec qui l'on peut causer librement.

Ne voyant pas en moi le client éventuel, c'est-à-dire l'adversaire, elle déposait les armes et me considérait comme un confident, comme « un copain », suivant son expression.

— Mon ami m'avait lâchée...

Cela débute toujours de même. Après l'initiation et quelques avatars incolores, un ami survient, qui nippe la fille ramassée au ruisseau, la met dans ses meubles et puis, inévitablement, la « lâche » pour entreprendre un autre sauvetage.

— Mon ami m'avait lâchée...

— Quel ami, madame?... Le bonnetier de Nantes ?

— Mais non! voyons! je vous ai dit que j'étais avec un soyeux de Valence... Un chic bonhomme et pas exigeant! Seulement, il a eu des ennuis d'argent et il a été obligé de me plaquer... C'était à Lyon... Je me trouvais sans ressources : il a bien fallu que je recommence à travailler.

Pour elle, « travailler », c'était vivre de ses charmes... Elle avait horreur, elles ont toutes horreur du travail authentique. L'atelier leur répugne : on s'y noircit les doigts, on s'y flétrit le teint, on s'y use les yeux. Une sur mille est susceptible de se régénérer vraiment, de se refaire par le labeur une virginité : le reste de la harde ne sort de sa bauge que pour s'y replonger bientôt...

Ida de Glassyz, la bouche contre mon oreille, cognant le crin de son chapeau à la visière de mon képi, chuchotait son odyssée, la même que peut narrer presque toute mangeuse d'hommes. La police lyonnaise l'avait inscrite sur ses répertoires, puis la police niçoise, puis la police parisienne. Elle avait eu des hauts et des bas, les uns mirifiques, les autres ignominieux. Un monsieur « très bien », — un Russe, je crois, — lui avait payé un appartement dans la très honorable rue de Babylone ; le boyard disparu, la belle Ida passait sans transition de l'appartement somptueux au garni du Quartier latin, écumait les brasseries du « Boul' Mich' », puis échouait dans une maison close, dont elle était, deux années durant, la pensionnaire passive et satisfaite.

— Vous n'avez jamais aimé, madame ?...

— Est-ce que je sais !... J'ai eu des « béguins »...

J'avais entre-bâillé l'écluse : Ida de Glassyz allait s'attendrir, s'émouvoir, au rappel de quelque passion, au réveil de quelque plaie mal cicatrisée ; le flot des souvenirs et peut-être des larmes allait déborder pour ne plus tarir...

Mais non ! Elle donnait à ses bandeaux blondis par l'eau oxygénée une petite tape, lissait du doigt ses sourcils peints, et poursuivait, d'un ton placide :

— J'ai eu des béguins... On est bête à tout âge, on fait des sottises et, après, on s'en mord les doigts... Je peux dire que mes béguins m'en ont fait voir de toutes les couleurs ! Mais ça n'a jamais duré bien longtemps : je suis une femme pratique...

Je devais entendre par là qu'elle était trop maîtresse d'elle-même, de son cœur pétrifié, de ses sens amortis, pour se livrer sans arrière-pensée à l'enfantine illusion de l'amour. Elle n'avait pas aimé, elle ne pouvait pas aimer : ses « béguins » étaient des caprices fugaces, des tentatives de sentimentalisme auxquelles sa prudence de commerçante lui commandait bien vite de renoncer. Cette créature était trop près de la brute pour n'être pas avertie par son instinct : mieux valait piller que d'être pillée...

Elle avait été pillée, malgré tout, étant accoutumée par son atavisme de femelle esclave à subir finalement la loi de l'homme. Des mâles, qu'elle intitulait pompeusement ses « amants de cœur », l'avaient dominée, malmenée. Mais si elle avait, sans récrimination aucune, accepté leur tyrannie, cela venait uniquement de ce que, selon l'éthique de son espèce, elle les reconnaissait d'avance pour ses maîtres. Dès l'instant où ils n'appartenaient pas à la catégorie des entreteneurs, des « pontes », il devenait nécessaire, obligatoire, de les classer dans l'autre catégorie, celle du public non payant, jolis garçons légers de pécune et de préjugés, souteneurs, dominateurs-nés, incontestés. Cela était juste, normal, inévitable, comme l'alternance des saisons, comme le flux et le reflux de la mer.

Les ans avaient coulé ; Ida de Glassyz balayait d'un geste large les événements minimes dont ils avaient pu varier sa carrière : tantôt fille publique, cataloguée sur les registres de la Préfecture, tantôt divette de café-concert, tantôt maîtresse relativement honorée de messieurs plus ou moins riches et généreux, elle avait vécu.

15.

— J'ai eu de l'argent : je ne sais pas où il a filé... J'ai eu de la misère : je ne sais pas comment elle m'a quittée... J'ai pris le temps comme il venait...

Un beau jour, un beau matin de mai, elle avait débarqué à Casablanca.

On m'avait parlé du Maroc : des amies qui elles-mêmes en avaient entendu parler... Je ne peux pas vous dire ce qui m'a décidée à y venir... Non, je vous assure, je ne peux pas... Non, puisque je vous le répète !... Vous êtes un drôle de type, à insister comme ça !

En effet, Ida elle-même ne discernait pas les causes réelles de son exode. Elle avait flairé vaguement la forte odeur du champ de bataille : l'impulsion irrésistible de son tempérament carnassier l'avait soulevée, inconsciente et machinale, l'avait emportée et déposée sur la plage de cette terre neuve. Huit jours après que les canons de *la Gloire* eurent défoncé les remparts de l'enceinte, Ida de Glassyz franchissait la porte de la Marine, et débutait dans son véritable métier de ribaude...

Casablanca est alors un caravansérail où se donnent rendez-vous les aventuriers de tout poil et de toute race. Un formidable camp l'environne, qui, chaque soir, déverse sur la ville son troupeau de soudards avides de ripailles et de débauches : dans les guinguettes, dans les bars, dans les tavernes, sous les toits de tôle des « beuglants », les éperons et les sabres tintent, les cravaches cinglent le cuir terni des bottes, les lourds brodequins martèlent les cailloux du sol, les voix brutales résonnent. Après la tourmente où demain ils se replongeront, civils ou militaires ont soif de joie rapide et violente. Leurs poches sont garnies de douros : ils les jettent à la volée, pour solder la fantaisie qui a germé dans les cellules surexcitées de leurs cervelles. Le concurrent, le gêneur qui a surgi, on l'écarte du coude, du poing, ou par un coup de baïonnette ou de *navaja*... Qu'importe le meurtre à celui qui peut-être mourra demain ?... On veut vivre, on vit avec intensité dans la minute que l'on tient; on s'agite, on jouit, on se bat pour acquérir et garder la part de plaisir qui vous échoit.

Parmi ces mâles en délire, Ida de Glassyz est reine...

— C'était le bon temps... Je chantais au Trésor-Concert : tous les soirs, la salle était comble... Les clients tapaient sur la table avec leur canne ou la poignée de leur sabre, ils cassaient des bouteilles... Chaque fois que j'avais fini mon numéro, les garçons m'apportaient des fleurs, des sacs de bonbons et des lettres d'amoureux : je n'avais qu'à choisir... On s'assommait en mon honneur, on se tirait des coups de revolver dans la salle... Un petit brigadier de chasseurs s'est même suicidé pour moi... J'en faisais, de l'argent!...

Elle a « fait de l'argent » : condottieri, soudards, Juifs, Grecs, Marocains, tout lui fut bon... Mais où diable a passé l'argent?...

La tempête qu'inaugurèrent les canons de *la Gloire* continue de faire rage : Ida continue d'être le goéland qui piaule dans l'écume et le vent.

Les armées sont encore en campagne :

elle ne cesse pas de jouer à l'arrière-garde son rôle de ribaude.

Elle a vieilli. Son corps s'est ratatiné; la guimpe de tulle pailleté qu'elle fourre sous mon nez ne voile qu'insuffisamment les os saillants de sa poitrine; la peau adhère aux articulations enflées de ses doigts et de ses poignets. C'est une demi-vieille qui tâche de paraître jeune : elle connaît sa déchéance et n'en combat qu'avec plus d'âpreté.

Son existence d'hier, son existence d'aujourd'hui, quels que soient les mensonges dont elle la farde, je la vois. Elle a pillé, elle pille encore.

Les planches de tous les « bouis-bouis », de tous les « beuglants », de tous les cafés-chantants, l'ont portée, attifée en « gommeuse », en rôdeuse des bals de barrière, en « chanteuse de genre ». Dans tous les bouges à musique, elle a quêté des sous, dispensé des œillades et racolé des clients. Fût-elle plus âgée de dix ans, plus ravagée, plus décrépite, — et plus « rosse », — le client mordrait encore à l'appât

de ses roulades et de ses décolletages lamentables, ce client que bouleverse si promptement
le moindre cotillon et qui, de tous les moutons,
est le plus facile à tondre.

Elle le tond impitoyablement. Un capitaine
mange avec elle les reliefs d'une magnifique
fortune ; elle le trompe avec un lieutenant
qu'elle débarrasse des chétives économies faites
dans le *bled*, avec des sous-officiers dont elle
râfle la quinzaine, avec des troupiers qu'elle
soulage de leur prêt.

Les mercantis qui reviennent de « l'avant »
après un coup de chance inespéré, ceux-là
dégorgent dans son alcôve les sacs d'écus
soutirés aux gens de guerre ; les Juifs du
mellah qui ont réussi dans les terrains de
la banlieue d'inénarrables spéculations, elle
prélève sur leur butin la dîme du chacal sur
la gazelle égorgée par le lion ; le Marocain
européanisé qui a transformé en maisons de
rapport ses palais à patios et, par les loyers
imposés aux ménages de Roumis, s'est assuré
de fantastiques revenus, il en lâche le plus

clair entre les griffes de madame Ida, pour
la satisfaction de se pavaner aux côtés d'une
Française.

Tous les tripotages louches, toutes les com-
binaisons équivoques, elle y trempe.

Elle s'essaye au commerce et brasse des
affaires étonnantes. Tel bar mal famé, où
fréquentent des gens sans aveu, des fillettes
et des messieurs d'âge, on affirme qu'elle le
commandite : — en tout cas, un mien ami,
un de ces originaux qui veulent ne rien igno-
rer, soutient qu'il l'y a reconnue, aux aguets,
l'air inquiet et fureteur d'une marchande à la
toilette dans l'exercice de ses fonctions. —
Telle mercerie où le hasard amène de sur-
prenantes rencontres, elle en a occupé le comptoir, conviant d'un sourire entendu et bénis-
seur visiteurs et visiteuses à se révéler leurs
mutuelles bienveillances.

Elle pille, comme elle peut et tant qu'elle
peut !

Pour ses victimes elle n'a que du dédain. Ne
sont-ils pas, ces officiers, ces sous-officiers,

ces soldats, des proies qu'il faut râcler et ronger? Ida ne s'inquiète pas si leur métier est noble, et splendides les besognes qu'ils ont lâchées, un moment, pour courir à elle; Ida ne s'inquiète pas si les Zaërs ont assassiné et mutilé le chasseur d'Afrique qui, trois semaines plus tôt, l'étreignait...

Entremetteuse, usurière, tenancière ou commanditaire d'estaminets douteux, cabotine, fille publique, elle pille, elle pille, sans grâce, sans beauté, hideusement, bassement.

A ce jeu, s'est-elle enrichie? Non... Elle ne l'avoue pas, mais je sais qu'un Maltais, un forban glabre et pâlot, un adolescent aux allures de bandit bellevillois, l'exploite et la tyrannise. Je l'ai sondée, le soir de la confession :

— Madame Ida, le bel Atanasio !...

— Ah! on vous a répété?... Eh bien, oui!... j'ai un béguin pour Atanasio... Mais je ne tiens pas à lui plus que cela, et, s'il m'ennuie...

Elle ne l'aime pas, bien entendu, mais autant lui qu'un autre, la logique des ribaudes exigeant qu'il y ait un Atanasio...

Atanasio la pille ; elle pille les conquérants.
Elle les pillera jusqu'au jour de sa mort ; —
au delà, même, puisque les conquérants
paieront de leurs deniers le cercueil et les
couronnes funéraires d'Ida de Glassyz, la ribaude...

XX

HORS DES MURS

« Hors des murs! » — Ces trois mots résument l'extraordinaire existence, l'existence forcenée que nous avons agie au Maroc, nous, les conquérants, et dont ces notes, ces pauvres notes griffonnées au jour le jour, à l'ombre chaude des tentes, au souffle brûlant des siroccos, tâchent de donner, tant bien que mal, un reflet affaibli.

« Hors des murs! » — Nous avons vraiment vécu « hors des murs », parqués dans nos bivouacs, cloîtrés dans nos maisons de toile et condamnés à ne savoir de la terre envahie que

les enrochements dénudés de ses montagnes,
que les steppes arides de ses plateaux, que les
orges et les blés de ses champs, que les remparts moroses de ses cités. L'indigène s'enfuyait
à notre approche, faisait le vide devant nos colonnes, et nous manœuvrions dans un désert,
— un désert étrange où mûrissaient des moissons, où fumaient, parmi les pierres, les cendres
tièdes des âtres. — Parfois les tribus dissi-
dentes hasardaient sur nos flancs un vain simu-
lacre d'attaque et nous découvrions des cavaliers encapuchonnés, caracolant sur des chevaux
étiques, et des fantassins en haillons qui se fau-
filaient entre les buissons de jujubiers. Nos canons et nos mitrailleuses avaient tôt fait de
balayer ces fantômes d'ennemis qui s'évanouis-
saient...

Si nous avons créé des postes, là même nous
avons persisté à nous confiner dans notre « splendide isolement » et dans notre ignorance des
populations soumises. Quelques-uns d'entre
nous, de rares élus, tâchent bien d'établir le
contact, entament avec les caïds des palabres

compliquées auxquelles nous ne sommes point
admis. Notre rôle se borne à monter la garde,
l'arme au pied, dans les îlots de patrie française
et de civilisation française que représentent nos
redoutes. Au loin, grimpés sur le talus de nos
tranchées et nos jumelles devant les yeux, nous
apercevons quelques tentes de douars, quelques
moissonneurs maniant la faucille, mais il ne
nous est pas permis d'aborder ces habitants de
la Terre promise et de franchir le seuil de leurs
gourbis.

En somme, nous avons conquis le droit de
« garnisonner » en terre marocaine, mais l'âme
marocaine, soit que nos chefs ne tiennent guère
à la pénétrer, soit qu'elle-même refuse de s'ouvrir, l'âme marocaine nous demeure interdite.
Nous restons « hors des murs », au figuré aussi
bien qu'à la lettre.

Sommes-nous, de temps à autre, invités chez
des ralliés, chez des ministres déchus, chez des
commerçants européanisés, ces agapes rapides
et protocolaires n'ont pas la vertu de nous donner l'illusion que vont s'entre-bâiller les portes.

Les quatre mots d'arabe échangés avec les coolies et les portefaix des ports, avec la demi-
douzaine de prostituées berbères ou juives qui
nous offrent l'hospitalité vénale de leurs échoppes
sordides, ne suffisent pas davantage à diminuer
notre malaise, à modifier la sensation de solitude qui nous gêne...

Un soir, un soir tiède et morne de septembre,
j'ai compris enfin de quel mal nous souffrions
et pourquoi nous étions désenchantés et sans
joie.

Nous venions, un ami et moi, de passer une
heure dans un café-concert de Casablanca. Une
heure durant, nous avions écouté consciencieu-
sement les inepties graveleuses et les obscéni-
tés pitoyables que détaillaient, en gigotant, des
chanteuses costumées d'oripeaux criards et dé-
colletées jusqu'aux reins. A tour de rôle et sans
interruption, les « divettes » s'étaient succédé
sur les planches de la scène, éclairées violemment par les lueurs blafardes et sautillantes des
lampes à acétylène, dans un décor vert pomme,

sang de bœuf et jonquille. Aussitôt lâché leur
dernier couplet et tandis que le pianiste, un
pauvre hère anémique et blême, tapait fébrile-
ment le clavier de son instrument faussé, elles
s'abattaient sur le public, circulaient entre les
tables de pin verni où des ronds d'alcool et de
sirop étaient imprimés en relief, tutoyaient les
consommateurs, militaires et civils, Français,
Italiens, Espagnols, Allemands, Juifs, et leur
mettaient sous le nez leur tirelire de fer-blanc,
leurs gorges croulantes et plâtrées, leurs bras
nus enduits de blanc gras.

La fumée des cigarettes et des cigares,
l'odeur ignoble des cognacs douteux, des cura-
çaos, des menthes et surtout la sueur de tous
ces corps empilés empestaient la salle étroite et
chaude. Des buveurs ivres se querellaient ; des
mercantis réclamaient un « numéro » favori en
battant de leurs talons le plancher ; des troupiers hurlaient en chœur le refrain stupide d'une
« scie ». Des Juives nous frôlaient de leurs
châles bigarrés et des Marocaines flétries, ma-
quillées et tatouées s'essayaient, leur voile

écarté de l'index, aux sourires ambigus et prometteurs qu'elles avaient appris des cabotines européennes.

Nous étions restés cependant une heure dans ce bouge, pour nous étourdir de lumière et de bruit et n'être pas seuls avec nos réflexions. Nous avions donné aux chanteuses des sous et nous les avions complimentées, sans ironie, sur leur voix et sur leurs charmes. Et puis le dégoût avait été plus fort que l'effroi de la solitude et nous avions gagné la rue.

Elle était parfaitement déserte, reflétant de ses galets coniques la flamme jaune des réverbères, enserrant ses méandres incohérents par une double haie de bâtisses blanchies à la chaux. Nous avions marché lentement, sans mot dire, trébuchant aux aspérités du pavage disjoint et rocailleux.

Et voilà que derrière la façade d'une maison marocaine un grand cri s'était élevé. Nous fîmes halte ensemble, sans nous être concertés, même d'un signe, et nos yeux interrogèrent la muraille où se voyait une fenêtre unique, fermée

d'une persienne. Des rais de lumière filtraient
entre les lames de bois. Nous attendions,
anxieux, remués inexplicablement par cette clameur jaillie dans les ténèbres et le silence.

Elle retentit de nouveau, aiguë et déchirante,
comme la plainte d'une bête blessée, s'apaisa
peu à peu, se fit plus haute et plus ample,
s'étala, se prolongea, devint un chant dont les
paroles nous étaient inintelligibles, un chant
effroyablement triste. Toute la douleur et toute
la détresse de l'humanité s'exhalaient dans ces
notes pures et dont chacune semblait un san-
glot. Merveilleuse était la voix de femme qui
chantait dans la nuit, au ronflement étouffé des
tambourins, aux trilles discrets des flûtes.

C'était un chant arabe, une lamentation inouïe
et dont le sens nous échappait, mais qui, tantôt
vociférée à pleins poumons par la femme invisible, tantôt gémie comme le soupir d'un tout
petit enfant, nous saisissait à la gorge et aux
entrailles. Quelle peine le compositeur inconnu
avait-il voulu enclore dans les strophes de sa
mélodie barbare? Quel chagrin d'amour, quelle

nostalgie des Espagnes ravies par l'Infidèle, quelle horreur de vivre auprès des tombes fraîchement creusées?... Mais qu'importait!

Oui, qu'importait!... Le trouble irrésistible qui nous poignait, debout dans la rue déserte, nous savions maintenant quelle en était l'origine. Derrière ces murailles impénétrables une vie s'agitait, d'où nous étions exclus, des êtres humains goûtaient des sensations d'art que nous ne pouvions partager. Dans une salle de cette maison, des hommes étaient assis sur des tapis de Rabat, les coudes étayés par des coussins de soie brodée, et devisaient avec courtoisie, en dégustant le thé à la menthe. Les jets d'eau s'égouttaient dans les vasques de marbre blanc. Les tentures de satin et les étoffes brochées exhalaient des parfums de rose et de jasmin. L'encens brûlait dans les cassolettes de cuivre ciselé. Les narcisses agonisaient dans les coupes de porcelaine ajourée. Les mulâtresses accroupies retroussaient sur la chair ambrée de leurs poignets cerclés d'argent les crépons multicolores de leurs triples tuniques. Les musi-

ciens adossés aux cloisons de cèdre historiées
d'arabesques pinçaient les cordes des guitares,
soufflaient dans les flûtes et battaient de la
paume la peau des tambourins cylindriques. La
chanteuse, affalée dans les draperies molles de
ses vestes et de ses voiles, penchait sur les char-
bons incandescents du brasero son visage en-
flammé, tatoué de bleu, ses lèvres rougies de
fard... Toutes ces demeures, qui ne présentaient
à la rue que leurs revers maussades, étaient
peuplées d'hommes et de femmes qui savou-
raient la béatitude ou l'inquiétude de vivre,
dans la douceur du foyer, dans les délices ou
la mélancolie de l'art... Et ces maisons, jamais
nous n'en passerions le seuil... Et nous étions
dehors, dans la nuit hostile, « hors des
murs »...

Une immense rancœur nous bouleversait,
tandis que se poursuivait le *lamento* poignant.
Nous nous sommes regardés, hochant la tête,
dévorés du même souci et souffrant du même
mal, que nous arrivions à définir, comprenant
que dans ce pays, dans ce pays où nous étions

venus avec notre ardeur et nos enthousiasmes
coutumiers, jamais nous ne serions pleinement
heureux, parce que nous étions condamnés à
rôder éternellement « hors des murs ».

Les colonies où des années de notre vie
s'étaient écoulées, nous les avons regrettées
alors comme de nouvelles patries absentes.
Ainsi que les Juifs pleurant les grasses vallées
d'Égypte, nous avons pleuré, en nous-mêmes
et sans larmes, les soirs embaumés, les mu-
siques nasillardes et baroques, l'accueil et
l'hospitalité de notre Extrême-Orient. Et ce
n'étaient point les paresses et les conforts per-
dus que nous pleurions, mais nos traditions et
nos formules de « coloniaux » passionnés : les
conquêtes lentes et subtiles des âmes, les initia-
tions aux mystères des langues, des mœurs et
des religions, les échanges de philosophies et
de sciences, les contacts avec les foules indigènes... Là-bas, en Indo-Chine, — à Madagas-
car, aussi, au Soudan, — l'indigène n'était pas
le spectateur impassible et dédaigné devant qui
nous exécutions les grimaces et les gestes appris

dans nos garnisons de France. Il n'était pas le
vaincu chez qui nous vivions : il était le protégé
apprivoisé, ami, avec qui nous vivions, toutes
cloisons abattues...

Majestueuses cérémonies des pagodes khmè-
res, processions bouddhiques où nous figurions,
acteurs respectueux et respectés, théâtres en
plein air des kermesses cochinchinoises où
nous manœuvrions la baguette du gong, mar-
chés de Saïgon et de Baria où nous plaisantions
fraternellement avec les vendeuses de bétel,
postes du Haut-Tonkin où nous travaillions,
tout petits mandarins, à gagner le cœur de nos
administrés, palabres dans les villages clos de
bambous, nous vous avons pleurés...

Le chant s'était tu. Nous reprîmes notre
marche dans la nuit tiède, navrés, silencieux.

.   .   .   .

Et puis des jours ont passé...

Et puis, nous avons réfléchi que nos révoltes
étaient injustes, que, là-bas, en Extrême-Orient,
nos devanciers avaient, eux aussi, vécu « hors
des murs », qu'ils s'étaient heurtés, eux aussi,

à des incompréhensions, à des mutismes et à des portes barricadées, nous avons réfléchi qu'ils avaient dû travailler, dans la solitude et la tristesse, à vaincre ces obstacles et que nous avions, nous, les ouvriers de la douzième heure, recueilli la moisson qu'ils avaient lentement et laborieusement préparée...

Nous avons réfléchi que nous étions ici, à notre tour, les ouvriers de la première heure et que nous peinions pour nos cadets.

Alors, dans nos cœurs, l'orgueil des besognes accomplies et des récoltes futures a chassé la mauvaise douleur. Et notre chagrin de végéter « hors des murs », nous l'avons accepté joyeusement, comme nous avions accepté toutes les souffrances de cette campagne, nous l'avons offert à notre France, à notre PLUS GRANDE FRANCE...

FIN

TABLE

284   TABLE

E. GREVIN. — IMPRIMERIE DE LAGNY. — 2535-11-12.

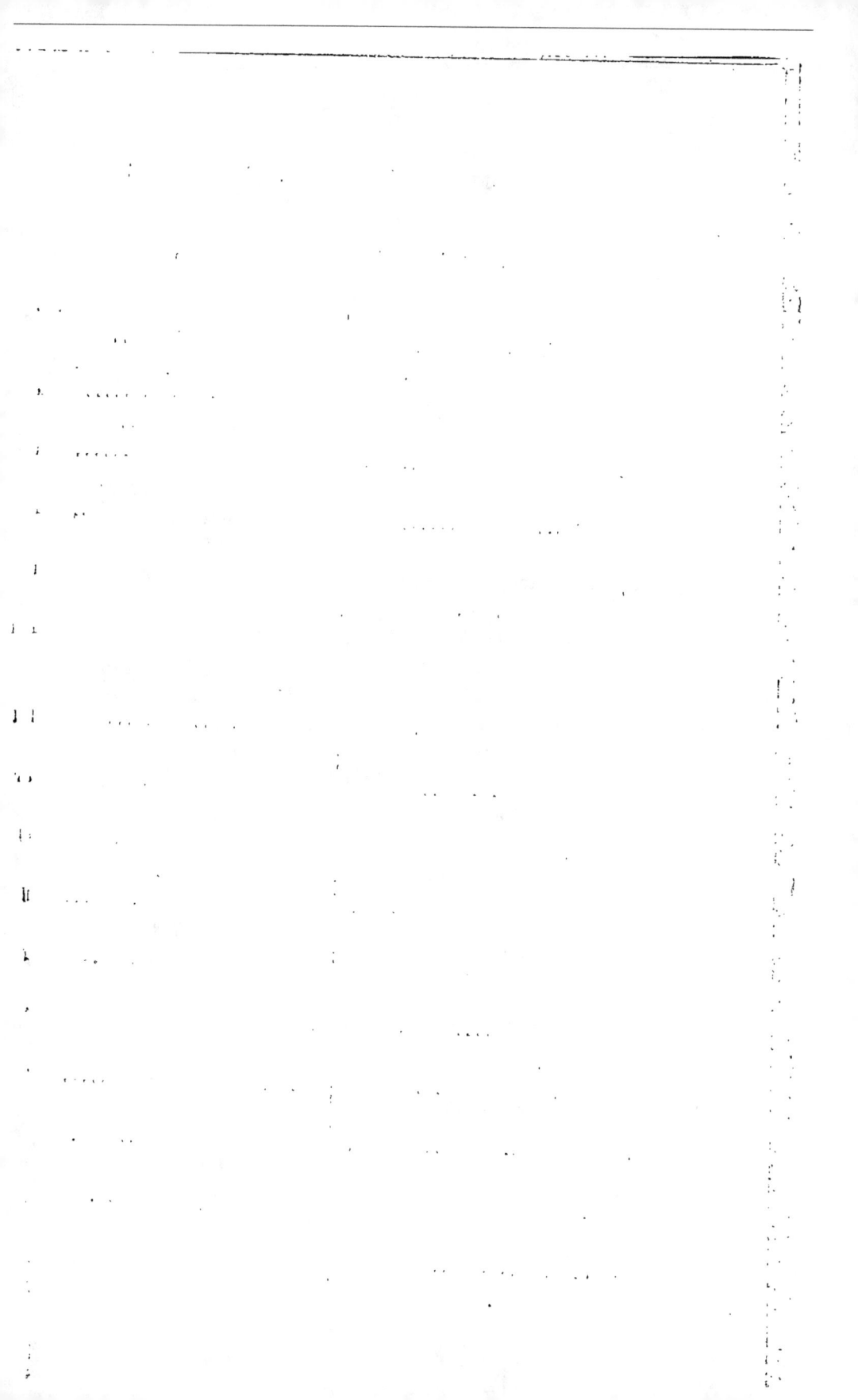

DERNIÈRES PUBLICATIONS

Format in-18 à 3 fr. 50 le volume

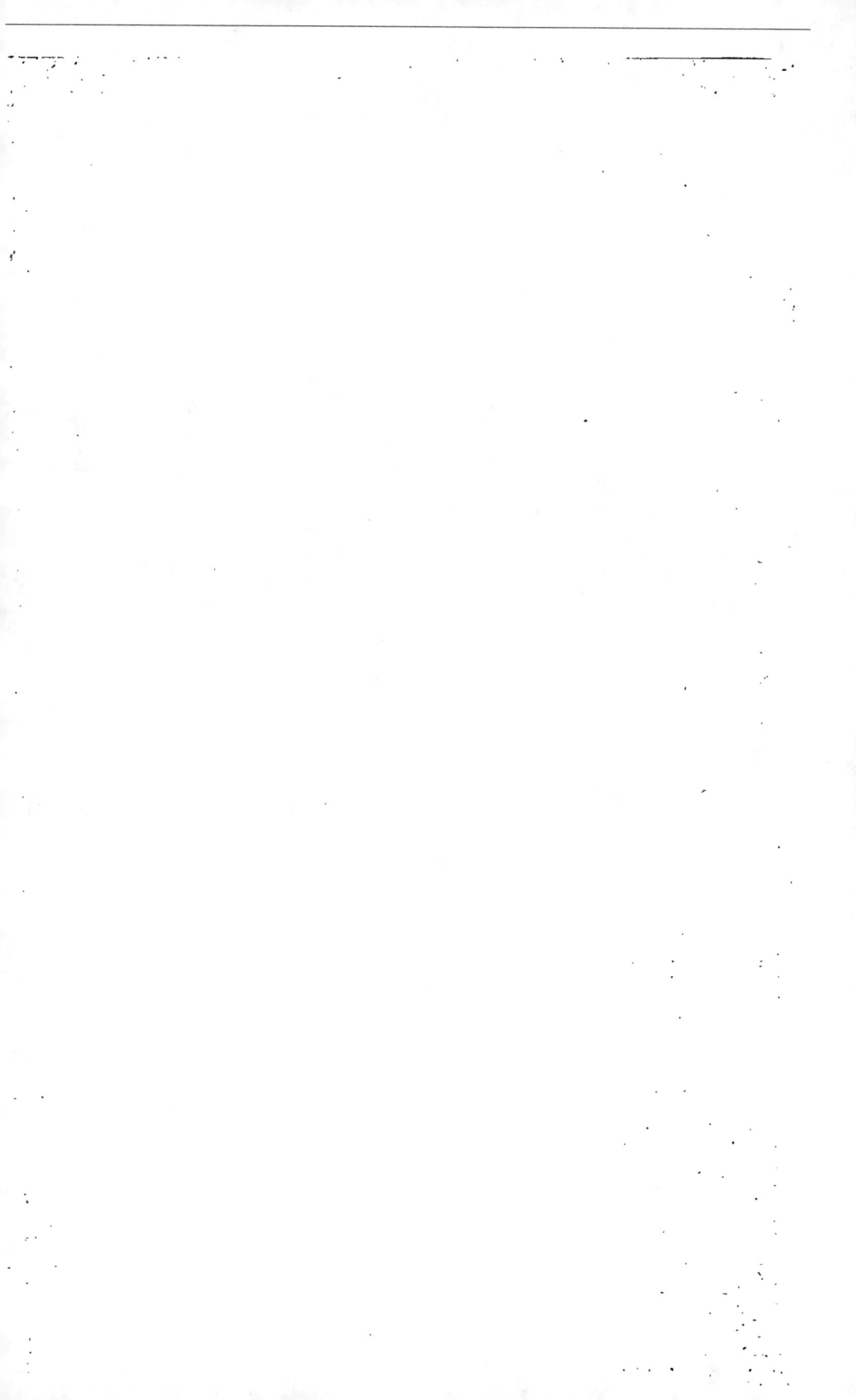

www.ingramcontent.com/pod-product-compliance
Lightning Source LLC
Chambersburg PA
CBHW070742270326
41927CB00010B/2073